U0112077

大展好書　好書大展
品嘗好書　冠群可期

大展好書　好書大展

品嘗好書·　冠群可期

運動精進叢書 13

乒乓球技巧圖解

劉雪 趙霞 編著

大展出版社有限公司

目　錄

目

錄

第 乒乓球基礎知識

1

章

一、基本握拍方法

乒乓球的握拍方法可以分為直拍握法和橫拍握法兩種。不同的握拍法有不同的特點，從而產生不同的打法。

1.直拍握法

標準握法：用拇指和食指握住球拍拍柄與拍面的結合部位。拍柄右側貼在食指的第三關節內側，食指的第二關節輕壓在球拍的右肩，第一關節稍彎曲。拇指的第一關節壓住球拍的左肩，其它二指自然彎曲並重疊，以中指的第一關節頂於球拍背後，形成一個便於用力的支點。

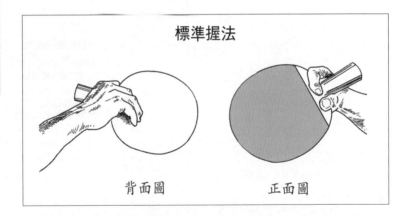

標準握法

背面圖　　　　正面圖

直拍握法的特點：正反手都用球拍的同一面擊球，出手較快；正手攻球快速有力，攻斜、直線球時拍面變化不大，對手不易判斷。但反手攻球因受身體阻礙，較難掌握；防守時，照顧面積較小。

直拍快攻型握法：以食指第二指節和拇指第一指節扣拍，拇指與食指之間的距離要適中。其餘三指自然彎曲，中指第一指節貼於拍的背面。

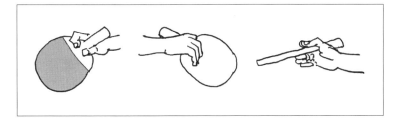

弧圈球型握法：拇指緊貼在拍柄的左側，食指扣住拍柄，形成一個小環狀緊握拍柄。其餘三指自然伸直，中指第一指節頂住球拍的背面中間。

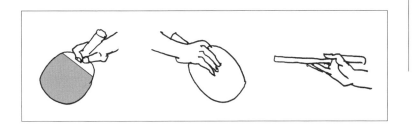

削攻型握法：拇指自然彎曲，緊貼拍柄右側，第一指節用力下壓，其餘四指自然分開托住球拍背面。

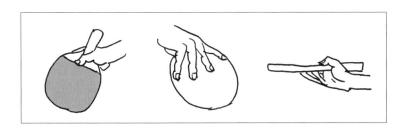

2.橫拍握法

虎口壓住球拍右上肩，拇指和食指自然彎曲分別握在拍身前、後兩面。中指、無名指、小指彎曲握住拍柄。

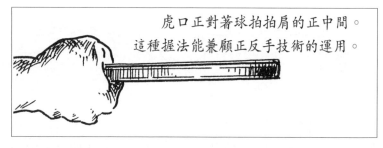

虎口正對著球拍拍肩的正中間。
這種握法能兼顧正反手技術的運用。

 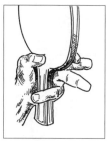 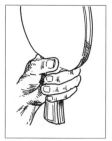

A 用拇指和食指在球拍的兩面挾住球拍。

B 用小拇指握住球拍柄。

C 中指和食指輕握球拍柄。

橫拍握法的特點：照顧面積比直拍大，但攻球和削球時的手法變化不大；反手攻球便於發力，也便於拉弧圈球，但還擊左右兩面來球時，需要轉動拍面；攻直線球時動作變化明顯，易被對方識破；台內正手攻球技術較難掌握。

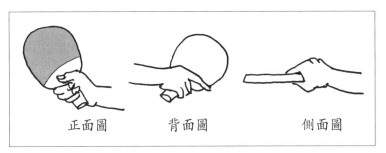

正面圖　　　　　背面圖　　　　　側面圖

　　橫拍握法因人的習慣、特點不同，分為深握法和淺握法兩種。

　　淺握法：虎口和中指稍離開球拍拍肩處。

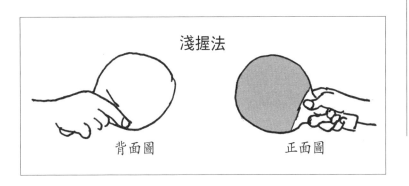

淺握法

背面圖　　　　　　　　　　正面圖

　　深握法：虎口和中指緊貼球拍肩。

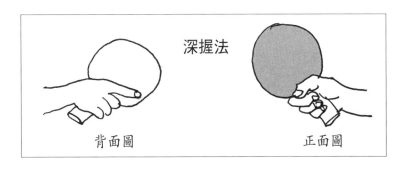

深握法

背面圖　　　　　　　　　　正面圖

深握法與淺握法優缺點比較

	深 握 法	淺 握 法
優點	容易控制拍面的角度，球拍的穩定性較好。便於主動發力。	手腕比較靈活，便於製造旋轉。 利於台內技術的運用。
缺點	手腕比較緊張，球拍的靈活性差，握拍手肌肉容易緊張。 台內小技術運用比較困難。	球拍的穩定性稍差。手腕動作不易固定。

正手攻球時，食指在拍身背面應稍向上移位。反手攻球時，拇指稍向上移位，便於固定板形易於發力擊球。

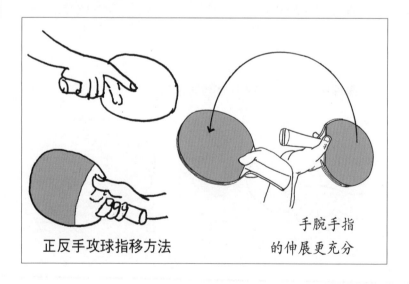

正反手攻球指移方法

手腕手指
的伸展更充分

二、了解球拍及其性能

要打好乒乓球，按照自己的預想儘快掌握乒乓球的技術，了解球拍及其性能是非常必要的。

常見乒乓球球拍主要有以下幾個種類：

1.膠皮拍

膠皮拍彈性較小，擊球速度慢，容易控制球。但本身不能製造較強的旋轉，進攻時速度不快，力量不大。目前這種球拍基本上不再使用。

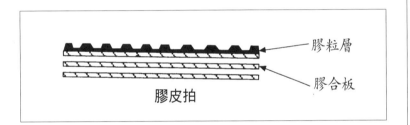

膠皮拍

2.正膠海綿拍

正膠海綿拍反彈力較強，擊球速度較快，並能製造一定的旋轉。它的特點在於速度快，但在製造旋轉和對球的控制方面不如反膠海綿拍。

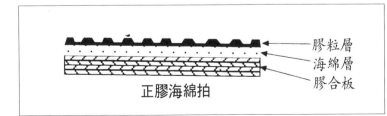

正膠海綿拍

第1章　乒乓球基礎知識

3.反膠海綿拍

反膠海綿拍黏性較大，摩擦力強，主動製造旋轉的能力強，同時也較容易受來球旋轉的影響。反膠海綿拍目前是比較流行的球拍，它最大的特點是較好地將旋轉和速度結合在一起，在中遠台的相持中，回擊球的穩定性也比其他球拍強。

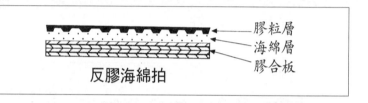

膠粒層
海綿層
膠合板

反膠海綿拍

4.生膠海綿拍

生膠海綿拍是正貼膠皮海綿拍的一種，但其膠皮上的顆粒比普通正膠海綿的要大一些。生膠海綿拍的海綿一般選用較薄較硬一些的，其回球速度快，打出的上旋球著台後明顯下沉，但不易製造旋轉。

生膠海綿拍

5.長膠海綿拍

　　長膠海綿拍也是正貼膠
皮海綿拍的一種，其膠粒高
度長於正膠和生膠海綿拍，
膠皮較軟。長膠海綿拍打球
時，與普通球拍的性能相
反，搓削下旋時，回過來的
球變成不轉球；擋或攻上旋

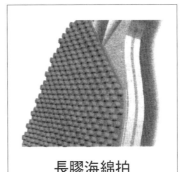

長膠海綿拍

球時，回過來的球變成下旋球。長膠本身不製造較強旋
轉，主要是依靠來球的不同旋轉而產生相反的旋轉。

6.防弧圈球膠海綿拍

　　防弧圈球膠海綿拍彈性一般比較小，反貼的膠皮表面
比較光滑，有利於削弱弧圈球的強烈上旋，增強對弧圈球
的控制能力。

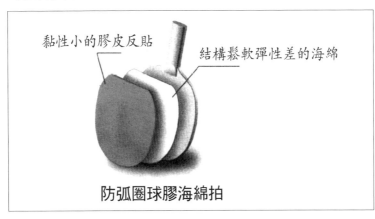

黏性小的膠皮反貼

結構鬆軟彈性差的海綿

防弧圈球膠海綿拍

三、如何挑選球拍

球拍的種類不同，性能各異，各有其優缺點。乒乓球愛好者要根據自己的打法和特點去選擇適合自己的球拍，以便於發揮自己的技術長處。選擇球拍可以從以下三個方面入手。

1.底板的選擇

一個好底板應具有兩個特點：一是擊球時不感到底板震手，二是底板有較好的控球性能。為了達到第一點要求，底板的厚度一般以 6.5 毫米左右為宜，如果球拍底板加有碳纖維等質量輕、硬度高且彈力強的材料，底板薄於 6.5 毫米，也可以感到不震手。一般情況下，過於薄的底板會在擊球時感到震手，但球拍底板過厚，則重量會增加，使用起來比較吃力。要達到第二點要求，就要選底板既不太硬，也不太軟的那一種。擊球時感到底板吃球而且發力也較為充足，才是較好的底板。

進攻型運動員一般選用木質稍硬、彈性略好的底板；削球型運動員一般選用木質稍軟一些，彈力較弱的底板。

2.膠皮的選擇

如果是進攻型運動員，以拉弧圈球為主要進攻手段的，應選擇使用反膠膠皮；而以近台快速攻球為主要進攻手段的，則應選擇正膠膠皮或生膠膠皮。

削球運動員在選擇反膠膠皮或正膠膠皮外，一般還可在球拍的另一面選用長膠膠皮和防弧圈球膠皮，以便球拍具有兩種不同性能，利於在比賽中給對方製造更多的困難。最常見的膠皮配置為：正手用反膠膠皮，反手用正膠膠皮、生膠膠皮、長膠膠皮或防弧圈球膠皮。

3.海綿的選擇

海綿的軟硬、厚薄與擊球時的彈力大小有密切的關係。

(1)厚度2～2.5毫米的海綿

厚度在 2～2.5 毫米的海綿，可分為硬型、次硬型和軟型三種。軟型海綿比前兩種彈性小，速度也慢一些。目前使用此種海綿的運動員較少。

①硬型海綿的反彈力大，出球速度快，它多與反膠膠皮結合在一起，對於增加弧圈球旋轉十分有利。以弧圈球打法為主的運動員喜歡使用它。

②次硬型海綿硬中略帶軟，它往往與正膠膠皮結合在一起。近台快攻型運動員較喜歡使用這種海綿。

(2)厚度在1.5～1.8毫米的海綿

目前，厚度在 1.5～1.8 毫米的海綿與膠皮有兩種配置方法。

①生膠膠皮配以 1.5 毫米左右的海綿，由於其反彈力較小，就需要用自身的力量去擊球，因此有利於發揮生膠膠皮的特點和作用。

②反膠膠皮配以 1.7 毫米左右的海綿，由於反彈力較小，所以有利於對來球進行較為有效地控制，這種配置有利於削球打法。

(3)厚度在0.8～1毫米的海綿

目前，厚度在 0.8～1 毫米的這種薄海綿通常與長膠膠皮結合起來使用，由於海綿反彈力小，擊球時可以充分發揮長膠膠皮自身的特徵。

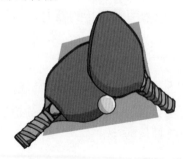

四、基本站位與姿勢

1.基本站位

站位是指運動員與球台之間所處的位置。基本站位是指一個範圍，而不是某個固定點。不同類型打法的選手，其基本站位的範圍大小也不相同。比賽中運動員站位是否合理，對其技、戰術水準的發揮有直接影響。站位正確，有利於保持穩定的擊球姿勢和向任何一個方向迅速移動。

站位的範圍指運動員離球台端線的遠近距離和左右距離。

近　台：運動員離球台 50 公分以內的範圍。

中近台：運動員離球台 70 公分以內的範圍。

中遠台：運動員離球台 1 公尺以內的範圍。

遠　台：運動員離球台 1 公尺以外的範圍。

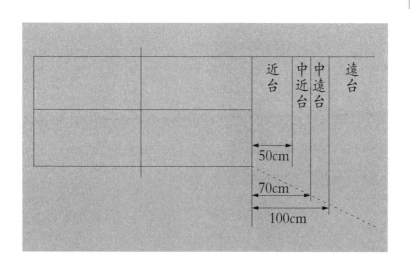

2.基本姿勢

　　基本姿勢是指擊球員準備擊球時或還擊時身體各部位的姿勢。合理的姿勢，有利於腳、腿蹬地用力和腰、軀幹各部位的協調配合與迅速起動；同時，能製造出最大的擊球力，提高擊球的命中率。

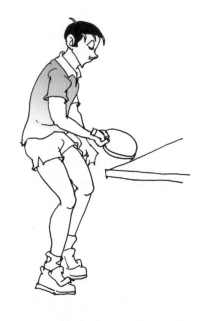

　　擊球時，兩腳平行站立，提踵、前腳掌內側用力著地，兩膝微屈，上體略前傾；重心置於兩腳之間；下頜稍向後收，兩眼注視來球；握拍手臂自然彎曲置於身體同側，手腕放鬆持拍於腹前，離身體20～30公分。

　　要點：注視來球，上體微傾，屈膝提踵，重心居中。

五、乒乓球常用術語

1. 球台術語

端線：球台兩端與球網平行的白線稱端線，寬 2 公分。

邊線：球台兩側與球網垂直的白線稱邊線，寬 2 公分。

中線：球台中央與邊線平行的白線稱中線，寬 3 毫米。

左半台和右半台（又稱 1/2 台）：是指擊球範圍。其左右方向是以擊球者本身為參照物。

2/3 台：是指擊球範圍占球台的 2/3。左側為左 2/3 台，右側為右 2/3 台。

全台：擊球時不限落點，擊球範圍占整個台面。

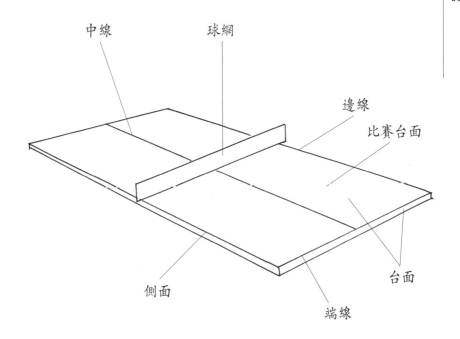

中線　球網

邊線

比賽台面

側面

台面

端線

2.擊球時間術語

對方來球在本方台面彈起後，球從著台點再落至觸及地面前，大致可分為以下三個時期。

上升期：球從台面反彈上升到接近最高點的這一段時間。這期間又可分為上升前期和上升後期。

高點期：指球反彈到接近和達到最高點的一段時間。

下降期：指球從最高點下降至地面的整段時間。這段時間又可分為**下降前期**（球從最高點下降的最初段）和**下降後期**（球下降的後一段時間）。

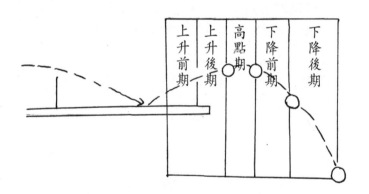

3.擊球部位術語

為了便於說明球拍擊球時接觸球的部位，一般借用鐘錶圓盤的刻度來表示球的部位。

球的上部：接近12點的部位。

球的中上部：接近1～2點的部位。

球的中部：接近3點的部位。

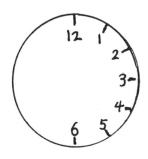

球的中下部：接近 4～5 點部位。

球的下部：接近 6 點的部位。

4.拍形角度術語

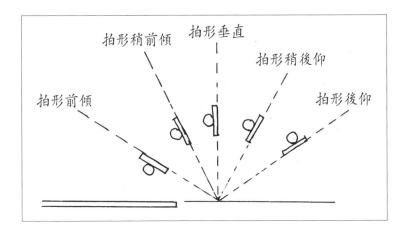

5.擊球路線術語

右方斜線、右方直線、中路直線、左方直線和左方斜線，在乒乓球練習中稱為五條基本路線。其方向是對擊球本身來說的。

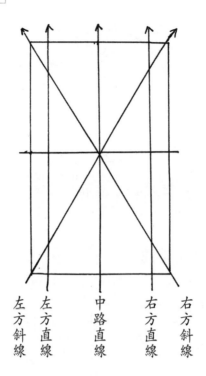

左方斜線　左方直線　中路直線　右方直線　右方斜線

六、乒乓球制勝訣竅

要打好乒乓球，必須做到兩點：

一是準確地將球擊到對方的台面上，既不出界，也不下網。這就需要擊出的球有一個合適的弧線；

二是擊中對方台面的球要有一定的質量，這就要求擊出的球要有一定的速度、力量、旋轉和落點。

上述兩點包含了乒乓球比賽取勝的五大要素：弧線、速度、力量、旋轉和落點。弧線要素體現的是準，速度要素體現的是快，力量要素體現的是狠，旋轉要素體現的是

轉，落點要素主要體現的是變。

在乒乓球比賽中，誰能在技術和戰術的運用上合理地體現出以上五大要素，誰將立於不敗之地。以下闡述乒乓球取勝五大要素運用的具體方法。

1.適度弧線

乒乓球的擊球弧線是球在空中飛行軌跡的連線。球的飛行弧線，對擊球命中率和擊球質量有密切關係。當球拍將球擊出後，球在空中飛行過程中，由於球本身的重力和空氣阻力的原因，球的運行便以一定的弧線形式表現出來。在一定高度的條件下，弧線越彎，命中範圍越大，越易命中。但是，弧線如果過彎，又易造成被動挨打，因此弧彎要適度。

攻球製造弧線的方法主要有：

①在來球反彈後近網且高的情況下，對回球的弧線要求不高，進攻中只要擊球的中上部，向前下方用力即可。

②在來球反彈後距網遠且高的情況下，要注意給球一個適當的弧度，並注意縮短打出距離。進攻時擊球的中上部，向前稍上的方向發力，並略帶一點摩擦，保證出球命中。

③在來球反彈後距網遠且低的情況下，攻球時除了擊球的中部或中部稍偏上外，用力方向應向前上方，並可以增加一些摩擦和擊球力量，保證擊球命中。

④在來球距網近而低的情況下，攻球時擊球的中部或稍偏中下部位，向前上方發力，注意給球一個打摩的動作，並減少發力，避免球出界。

⑤在來球具有較強上旋的情況下，攻球時應打球的中上部位，並向前或向下方用力，適當增加一些擊球的力量，避免球出界。

搓（削）球製造弧線的方法主要有：

①在來球反彈後近網且高的情況下，搓（削）球的中部稍下一些，向前下方發力。使球落到對方球台上。

②在來球反彈後遠網且高的情況下，搓（削）球時，擊球的中下部，向前下用力壓球，才不致使球出界。

③在來球反彈後遠網且低的情況下，搓（削）球時，擊球的中下部位，並向前方發力送球，避免球下網。

④在來球反彈後近網且低的情況下，搓（削）球時，擊球的中部，向前方用力，大量不易過大，避免球下網或出界。

⑤在來球具有較強的旋轉時，搓（削）球時，擊球的中下或下部，向前方用力送球，避免下網。

2.控制落點

乒乓球落點是戰術變化的主要內容，提高落點控制和落點變化能力，就要加強落點練習，久而久之就能進行較有效的落點控制。

3.提高速度

在乒乓球比賽中，「快」是制勝的重要法寶之一，那麼，怎樣才提高球速呢？

(1)站位儘可能靠近球台，以縮短回擊球所需的時間。

(2)擊球時，儘可能加大擊球力量，儘可能減少飛行弧線高度，縮短球在空中飛行的時間。

4.加強旋轉

旋轉已成為乒乓球技術發展中的重要問題，怎樣加強旋轉呢？

(1)擊球時，儘可能加大作用於球的力矩。

(2)用線速度較大的球拍部位擊球。

(3)改進球拍性能，增大膠皮摩擦係數。

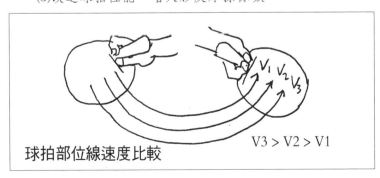

球拍部位線速度比較　　　　　V3 > V2 > V1

5.增大力量

擊球力量是加大球速和旋轉的基礎,如何增大擊球力量呢?

(1)擊球前,使擊球點適當遠離身體,並保證有一個適當的加速揮拍的距離。

(2)擊球前,肌肉要適當放鬆,便於拉長的肌肉在擊球時快速收縮。

小結

興趣是最好的老師,而學好基礎知識是保持興趣的關鍵。學問學習如此,乒乓球的學習也不例外。通常,廣大青少年朋友都是在家長、教師、朋友的感染和影響下,開始對乒乓球產生興趣的,而要長期保持興趣,就要掌握、學習好乒乓球基本知識。

乒乓球基本知識的掌握,對乒乓球其它技術的掌握有著重要的意義,它更有利於其它技術的學習和掌握。在學習過程中,教練員要善於並及時發現每個球員的長處和進步,並給予表揚和鼓勵。這樣才能使年輕球員把自己的興趣儘快地投入到乒乓球運動中來,並長期保持下去。

第

發球與接發球

2

章

一、發球技術

二、接發球技術

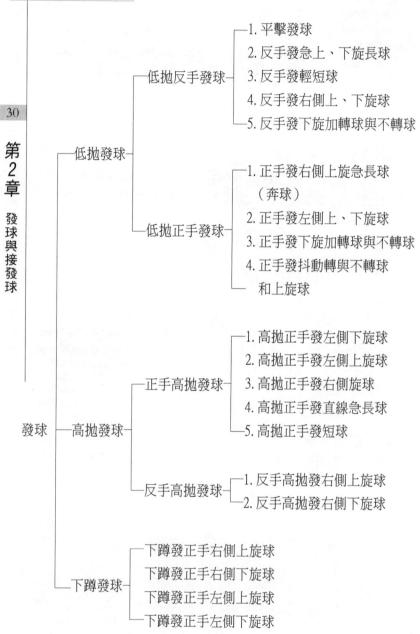

第2章 發球與接發球

乒乓球技巧圖解

發球

低拋發球

低拋反手發球
1. 平擊發球
2. 反手發急上、下旋長球
3. 反手發輕短球
4. 反手發右側上、下旋球
5. 反手發下旋加轉球與不轉球

低拋正手發球
1. 正手發右側上旋急長球（奔球）
2. 正手發左側上、下旋球
3. 正手發下旋加轉球與不轉球
4. 正手發抖動轉與不轉球和上旋球

高拋發球

正手高拋發球
1. 高拋正手發左側下旋球
2. 高拋正手發左側上旋球
3. 高拋正手發右側旋球
4. 高拋正手發直線急長球
5. 高拋正手發短球

反手高拋發球
1. 反手高拋發右側上旋球
2. 反手高拋發右側下旋球

下蹲發球
下蹲發正手右側上旋球
下蹲發正手右側下旋球
下蹲發正手左側上旋球
下蹲發正手左側下旋球

一、發球技術

1.平擊發球

發球的入門技術，擊球時手臂向前平行揮動用球拍撞擊球，使發出的球具有運行速度慢、力量輕、旋轉弱的特點。

站位近台中間偏左處。將球置於不執拍手掌心，拋球同時向右（左）側上方引拍。大臂帶動前臂向前平行揮動，拍形稍前傾或接近垂直，在球的下降期輕擊球的中上部或中部偏上，使球第一落點在球台中段區域。

技術關鍵

擊球時少發力，少摩擦球，使球儘量不帶旋轉。

2.反手發右側上、下旋球

以旋轉變化為主，飛行弧線向左偏拐，對方回球向其左側上反彈。由於近似手法發出兩種不同的旋轉，能起到迷惑對方的作用。

（1）反手發右側上旋球

發球時持球手將球向上輕輕拋起，同時持拍手向後引，上臂自然靠近身體。當球下降到低於球網時，持拍手以肘為軸心，前臂向右前方橫擺發力擊球。觸球時拍面稍前傾，摩擦球中上部。球離拍後，第一跳要落在球台端線附近。

技術關鍵

擊球時應注意壓低球在空中飛行的弧線。

(2) 反手發右側下旋球

前臂先向後上方引
拍，當球下降低於球網
時，前臂迅速向前下方
用力推和摩擦球。

手腕在球拍觸球時
要略加彈擊動作，以加
快急下旋球的速度。

球離拍後，
第一跳要落在球
台端線附近。

技術關鍵

球拍觸球時略
加彈擊動作。

3.反手發下旋加轉球與不轉球

這種發球較慢，旋轉變化大，迷惑性也較大，使對方回接困難，從而造成下網、出界或出高球。

站位近台，重心稍低，持拍手的肩部略低於對側肩。

拋球時，持拍手向後上方引拍，拍面後仰，同時身體左側適當轉動，以便於用力。

保證動作的連貫性和相似性，並注意還原。

球拍向前下方揮動，控制好球拍的角度。

4. 正手發奔球

正手發奔球是中國選手 1959 年創新的一種發球技術，又稱正手發右側上旋急長球，或正手發彈擊式急球。

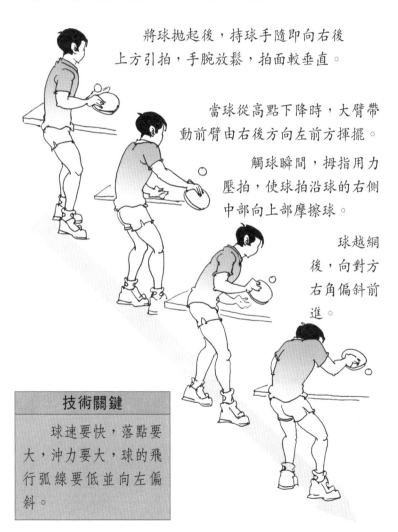

將球拋起後，持球手隨即向右後上方引拍，手腕放鬆，拍面較垂直。

當球從高點下降時，大臂帶動前臂由右後方向左前方揮擺。

觸球瞬間，拇指用力壓拍，使球拍沿球的右側中部向上部摩擦球。

球越網後，向對方右角偏斜前進。

技術關鍵

球速要快，落點要大，沖力要大，球的飛行弧線要低並向左偏斜。

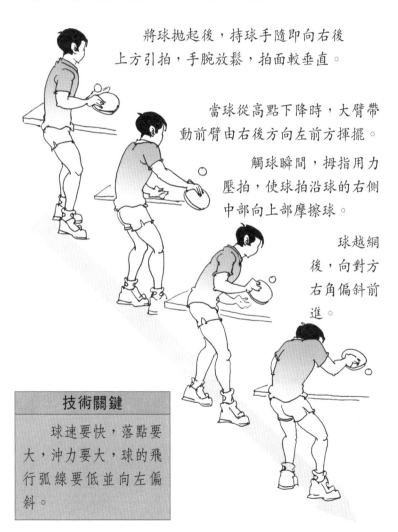

(1)橫拍正手上旋奔球

站位近台，身體稍前傾，
左腳前右腳後。注意觀察對方
的站位，決定發球的線路。

拋球時，持拍手向後方
引拍，球拍拍面稍前傾，手
與手腕適當放鬆，腰稍向右
轉。

用腰帶手發力向前
揮，觸球瞬間再變化球
拍發直、斜兩線的角
度，提高隱蔽性。觸球
時手腕有彈擊球的動
作。重心由右腳向左腳
移動。

球拍繼續向前揮，
重心落至左腳。注意動
作再次還原。

（２）橫拍反手上旋奔球

站位近台，兩
腳前後站立。拋球
時，球拍後引。

當球下降到球網以下
時，球拍加速向前揮動觸
球，同時順勢送球。

觸球時充分運用
手腕的彈擊力量。

擊球後順勢前送，迅速
恢復擊球前的準備姿勢。

（3）直拍正手下旋奔球

站位儘可能靠近球台。

拋球時，拍向後引，球拍稍橫立起（儘可能與發側旋球動作相似）。身體重心移至右腳。

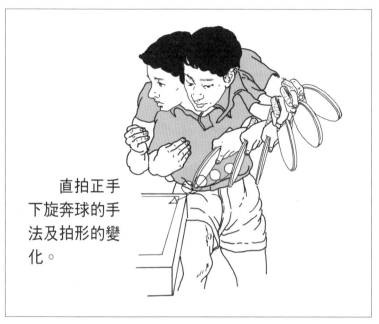

直拍正手下旋奔球的手法及拍形的變化。

擊球後，儘可能停住隨勢動作。

　　揮拍擊球時，球拍稍稍後仰，向前方稍下快速揮動，用拍的中下部打球中部偏下處。

5. 正手發側上、下旋球

(1) 正手發側上旋球

　　當持球手將球拋起時，持拍手向身體的後上方引拍，身體隨之向後轉動，球拍稍後仰。

　　揮拍前，持拍手腕應適當外展，球拍向前下方揮動，拍形由後仰逐漸變成稍橫立狀。觸球時手腕向橫側方用力，並微微勾手腕，以加強上旋。

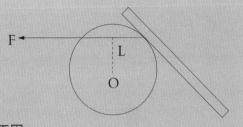

旋轉產生的原因

①球的力臂越大，摩擦力就越大，球的旋轉就越強，反之則弱。

②在球的力臂相等條件下，擊球力量越大，旋轉則越強，反之則弱。

③球拍黏性越好，摩擦力越大，因而旋轉越強，反之則弱。

④球拍部位愈靠下部，則半徑越大，觸球點的線速度也越大，旋轉也越強。

隨勢揮拍的幅度不宜過大，以使
還原動作能迅速完成。

（2）正手發側下旋球

抛球後，持拍手在大臂的帶動下向後上引拍，身體稍後轉。觸球時，用球拍中下部摩擦球的中下部，此時手腕手指發力。隨勢揮拍的動作幅度要小，並使身體還原。

技術關鍵

發球手法應力求相似，以達到迷惑對手的作用。應重視手腕的強化訓練，它的內收與外展、屈與伸將影響側上、下旋球的旋轉變化。

6. 高拋正手發球

　　持球手靠近身體左側向上拋球；當球開始從高點下降時，持拍手向右上方引拍，準備擊球。擊球時，持拍手用力揮擺摩擦球。

　　注意：擊球時，要加強球的旋轉和速度。

7. 下蹲發球

下蹲發球屬於上手類的發球，球拍常常摩擦球的上半部將球發出，其具有突然性強，旋轉變化多，新異刺激的特點。

(1) 下蹲發正手右側上旋球

左腳稍前，右腳稍後，身體略向右方偏斜。持球手輕輕將球向後上方拋起，持拍手輕輕將球向後上方拋起，持拍手將拍上提至肩部，手腕放鬆以便擊球時使用腕力。

拋球後，兩膝彎曲成深蹲，當球下降到與頭部等高時，持拍手迅速由左向右揮擺，球拍觸球的左中部並向右側上部摩擦球，發出的球即為右側上旋球。

（2）下蹲發正手右側下旋球

下蹲發右側下旋球與發右側上旋球的主要區別是持拍手自左向右揮擺的速度要快些，拍面從球的正中部向右側下部摩擦球，發出的球即為右側下旋球。

注意：發球時球拍摩擦球的上半部，使對手不適應造成直接失誤或出高球，可伺機搶攻。

發球實戰運用技巧

發球時，可以憑自己的主觀意志站在任何位置，發出任何線路、落點、旋轉、弧線的球；透過發球可直接得分，或與自己下一板擊球緊密結合爭取主動；還能起到控制對方和破壞對方進攻的作用。

（1）發球要「精」　每個運動員必須掌握一兩種技術精、質量高的特長發球，把它作爲比賽中得分的一種重要手段。要防止多而不精的偏向。

（2）發球要配套　在熟練掌握一兩種主要發球技術的基礎上，還要將一些發球方法配合成套，這樣效果更好。例如，反手發右側下旋球，應該與發右側上旋配合成套；發短球爲主，應有急球配合；發急球爲主應與短球配套；發斜線好應有直線配合等等。要防止發球單一化和只重旋轉不顧落點變化的偏向。

（3）發球要善變　發球時應當把旋轉、力量和落點很好地結合起來變化運用。發球手法應儘量相似，以加大對方判斷來球的難度。

（4）發球要結合搶攻　必須把發球同發球後的搶攻連貫起來。熟悉對方回球規律，爲下一板做好準備。

二、接發球技術

一般說來，比賽中如接發球不好，除造成直接失分外，同時還會影響使自己的技、戰術的發揮，造成心理上的緊張和畏懼，乃致全局失敗。如能做到得心應手的回擊，則一切相反。

1. 接發球的站位與判斷

(1) 站位的選擇

接發球的站位是否合理，主要是看這種站位是否能有效顧及到對方來球的任一落點；是否能為本方直接進攻創造一定的有利條件。

一般講，對方站在球台左半台，本方也應站在左半台；若對方站在球台右半台，本方也應相應調整至球台中間偏右位置。離球台端線的遠近距離視來球的落點而定，爲了有利前後移動接長、短球，應離台 30～40 公分。

（2）對來球的判斷

對於接發球的難度，往往並不在於如何接對方發來的上旋球、下旋球或側上旋、側下旋球等等，而在於對對方來球的判斷。

如何才能準確無誤的判斷出對方發球的旋轉性質、旋轉程度或緩、急、落點變化，主要應依據對方球拍在接觸球的一瞬間的揮動方向和掌握球的部位與用力方向。

2.技術分析

接發球是乒乓球技術的重要組成部分，其手段很多，既可以用搓、推、擺短、撇側旋等方法，也可以用點、撥、拉等方法搶攻。只有比較全面地掌握各種接發球技術，才能在比賽中減少被動，爭得主動。

(1) 直拍正手擺短接發球

(2) 橫拍正手擺短接發球

（3）正手搓擊接發球

採用搓擊接發球時，拍面應後仰，並略向左偏斜，觸球時應用小臂和腕部用力，向前下方發力摩擦球。

(4)反手搓擊接發球

注意：動作幅度不要太大，出手要快。弧線低，落點變化要豐富。

（5）假動作搓球

假動作搓球動作幅度小，變化突然，是控制對方搶攻，創造進攻機會的有效技術。

判斷來球，選好站位，球拍稍向後仰，拍形稍後仰。

直拍反手

向前下方搓出。

在觸球一瞬間，手腕突然向側轉，觸球的中下右側部，改變原來揮拍擊球的預想線路，即由斜線變成直線搓球，或由直變斜（正手搓）。

隨勢揮拍要短。

直拍正手

判斷來球。

手腕外展，似搓直線球。觸球時手腕內旋，成斜線搓球。

結束動作。

（5）「點」、「撇」接發球

「點」接發球

「撇」接發球

接發球實戰運用技巧

（1）好的接發球首先來源於正確判斷，因而必須時刻觀察對方觸球一瞬間的動作變化和來球的具體特徵。

（2）有了正確的判斷，緊接著就要果斷地採取相應的方法，回接時千萬不能猶豫。

（3）接發球從形式上看是被動的，但在思想上和回接方法上，應力爭積極主動，以利全局。

（4）提高接發球技術的根本方法，是儘快提高各項基本技術。

任何一種打法類型的運動員，都力求創造進攻的機會；或限制對方第一板的搶攻。隨著乒乓球技術的發展，出現了許多新的發球技術，在比賽中已顯示了很大的威力，這就要求接發球技術也必須相應地提高，因此，我們必須加強發球與接球的訓練。

在學習發球與接發球時，應該由淺入深。如：初學者可以先學習平擊發球。待發球的準確性有所提升，基本上能夠掌握發斜、直線球之後，再學發急球、旋轉球。然後再學習用同一手法發不同旋轉的球，以及其它難度較大的發球。

另外，在學習時，應將發球與接發球結合起來一起進行。在方法上既要注意全面性和系統性，又要注意靈活性和實效性。

發球、接發球、發球搶攻稱爲前三板技術。前三板曾是我國的乒乓球強項技術。前世界冠軍郭躍華參加世乒賽的發球與發球搶攻得分率有些場次高達83.3％，接發球與搶攻的得分率爲71.4％。女單前世界冠軍曹燕華的發球與發球搶攻得分率也高達72.9％，接發球與搶攻得分率爲72.2％。

第 擋球與推擋球

3

章

一、擋球技術

擋球技術的特點是：球速慢、力量輕、旋轉變化小，動作簡單易掌握，它是初學者的入門技術。反覆練習可以熟悉球性，體會擊球動作的基本結構，有利於掌握推擋球和其它基本技術。

1. 反手擋球

兩腳開立平站，引拍，前臂向前伸向來球。當來球跳至上升期，前臂和手腕向前迎擊。

拍面接近垂直擊球中部，主要是借助對方來球的反彈力將球擋回。

發力以前臂為主，動作過程中身體重心放至兩腳。

擊球後，手臂、手腕繼續向前隨勢揮動，迅速還原成擊球前的準備姿勢。

2. 正手擋球

左腳稍前站，引拍，前臂伸向來球。當來球跳至上升期，前臂和手腕稍向前迎擊，拍面接近垂直擊球中部。

發力主要部位以前臂為主，動作過程中身體重心放至兩腳。擊球後，手臂繼續向前隨勢揮動，迅速還原成擊球前的準備姿勢。

二、推擋球技術

推擋球技術的特點是：站位近，動作小，速度快，落點活，所以能主動靈活地調動、控制對方，為正手攻和側身攻創造時機，能起到在相持時變積極防守為主動進攻的作用。

我國優秀選手楊瑞華的快推、周蘭蓀的加力推、郗恩庭的減力擋、劉國梁的推壓兩大角等都起到了調動對方，為自己創造進攻機會的作用。

直拍加力推

1. 快 推

　　兩腳平行站立或左腳稍前。擊球前手臂適當向後撤引拍，擊球時上臂帶動前臂迅速迎前，重心前移，在來球的上升期拍形前傾擊球中上部。

　　擊球一剎那前臂稍外旋；並配合手腕的外展向前方發力，同時稍微向上輔助用力摩擦球。

　　球拍順勢前送、迅速還原。

直拍反手推擋

兩腳平行或左腳稍前，身體離球台約 50 公分。

手臂自然彎曲並做外旋，拍面角度接近垂直，前臂與台面幾乎平行，將球拍引於身體前方。

拍觸球時，前臂和手腕稍向前移動，主要是借助對方來球的反彈力將球擋回。在上升期，擊球的中部，拍形與台面接近垂直。擊球後，迅速收回球拍，還原成擊球前的準備姿勢。

橫拍反手推擋

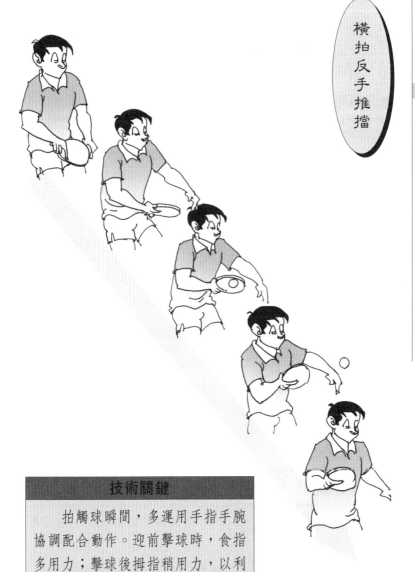

技術關鍵

拍觸球瞬間，多運用手指手腕協調配合動作。迎前擊球時，食指多用力；擊球後拇指稍用力，以利迅速還原。

2.加力推擋

　　加力推擋回球力量重、球速快，能壓制對方的攻勢，常可迫使方離台後退陷於被動防守局面。加力推與減力擋配合運用，能更有效地控制對方，取得主動。

　　右腳稍前站或開立平站，離台 50 公分。

　　手臂自然彎曲並外旋，前臂提起，引拍至身體前方。上臂、前臂、手腕向前迎擊。

　　當來球跳至上升後期或高點期，上臂、前臂、手腕加速向前下方推壓，腰腕向左轉動配合發力，向前傾擊球中上部。

　　手臂、手腕繼續向前下方隨勢揮動，迅速還原成擊球前的準備姿勢。

3. 減力推擋

減力推擋回球弧線低，落點短，力量輕。在對攻相持中，當用加力推擋迫使對手離台或遇對方回球力量不大、旋轉較弱時，可以使用減力擋來調動對方，使其前後奔跑，然後伺機用正手或側身搶攻，易得主動。

擊球前不用撤臂引拍，可稍屈前臂使球拍略為提高，拍面稍前傾。當球在台面彈起時，手臂向前移動，同時身體重心略升高。在上升期觸球，整個動作用力很小。

技術關鍵

在球拍觸球的剎那間，手臂和手腕要稍向後收。

側 旋 推

　　側旋推是在減力推基礎上發展而成，回球的線路更短，而且還有些拐彎，也是對付弧圈球的有效技術之一。

　　判斷來球，選好站位。向身體的外側後方引拍，球拍呈側前傾狀。球拍向左側前方推出，擊球的中部側面，使球產生側轉。隨勢揮拍的方向保持向側前方。

4.下旋推擋

　　下旋推擋回球落點長，弧線低，帶下旋。在對攻中，對方突然將球攻到反手位時，使用下旋推擋可以改變回球的旋轉性能，容易造成對方攻、推下網，或使對方對推時不易發力而造成被動。

　　在高點期或下降前期擊球。擊球時拍面要稍後仰，觸球的中下部，向前下方用力。擊球後，隨勢送球，隨即迅速恢復基本姿勢。

技術關鍵

　　以前臂發力為主，手腕觸球時可適當向前下方用力，以增大球的下旋。

判斷來球，選好站位，左腳偏前，重心稍高。

引拍向後上方，以肩為軸。拍形稍後仰。

　　由於下旋推擋發力不能太大，且用它來對付上旋球有一定困難，故只能作爲輔助技術使用。下旋推擋也可用於對付對方發過來的側下旋球、用長膠和防弧圈膠皮搓過來的球，以及帶下旋的推擋球。

推下旋回球下旋、弧線較低、落點長、球落台後下沉快。在上旋推擋中，突然改變成下旋，可造成對方推球下網；但當對方來球力量大、旋轉強時，使用推下旋有一定的困難。

球拍向前下方推出，擊球的中部偏下，使球形成下旋。發力時，力量要集中，使推摩結合起來。

注意隨勢揮拍，但距離不宜太長。

5. 推擠

左腳稍前站或兩腳開立平站。引拍、迎球，當來球跳至上升期，拍面稍前傾擊球左側中上部，前臂和手腕向左前下方用力推擠，同時腰髖向左轉動配合發力。擊球後，手臂、手腕繼續向左前下方隨勢揮動，迅速還原成擊球前的準備姿勢。

發力主要部位以前臂、手腕為主，腰髖配合發力，動作過程中身體重心放至兩腳。

推擋球實戰技巧

(1)準備擊球時，一定要彎腰收腹加大引拍距離，以利於發力。

(2)推擋時，肘關節應始終保持自然靠近身體，不要用肘關節來調整左右擊球位置。

(3)推擋回收還原要迅速。

(4)推擋站位雖然多在左半台，移動範圍小，但不應忽視每球步法必須移動的重要性。

第3章　擋球與推擋球

三、練習方法

推擋動作簡單，易於掌握，常作為乒乓球初學者的入門技術。在推擋技術教學中，首先要抓好快推技術，在熟練掌握快推技術的基礎上，再逐步學習加力推、減力擋、推側旋、推下旋等其它推擋技術。學習快推技術可以從平推著手，然後轉入快推。

1. 練習步驟

(1)徒手的擋球或推擋球的模仿動作，體會動作要點。

(2)用正反手對牆做擋球練習。

(3)兩人在台上對練擋球，不限落點，只要求動作正確並能擊球過網。

(4)兩人在台上先練擋中線，再練擋斜線或直線。要求逐漸加力，主要體會前臂和手腕的推擋動作。

(5)兩人在台上做反手推擋斜線練習，逐漸加快體會快速推擋動作。

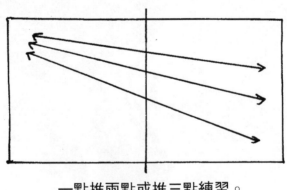

一點推兩點或推三點練習。

(6)一人逐漸加力推擋，另一人用均勻力量推擋。二人輪換。

(7)兩人用全力推擋。

(8)一人用均勻力量推擋，另一人在推擋中結合下旋推擋。

(9)先對推斜線後再對推直線。

(10)一點推兩點或一點推不同落點。

(11)推、攻結合練習。一人攻球，打上升期，另一人推擋，然後互換練習；或一人攻球，打上升期，另一人做加力或減力擋練習，然後互換練習。

在掌握了擋球和推擋球的技術動作基礎上，就可以進一步結合學習加力推擋、減力擋、推下旋球等技術動作。

2.注意事項

(1)準備擋球時，不要挺胸，挺腹，兩腳不要併攏，兩膝不要伸直。

(2)推擋球時，肘關節應貼近身體，以免影響前臂向前發力和減小左方的照顧範圍。

(3)推擋球時，應食指用力，拇指放鬆，手臂的前推或後引，動作幅度不宜太大，以免影響回收速度。

(4)充分利用身體重心的移動和腰部的轉動，增加擊球力量。

小結

　　在運用擋球與推擋技術時，要根據來球不同性能，結合某種技術的特點，有選擇有區別地靈活運用。比如：對方是一般推擋或快攻，可用快推和加力推或推下旋的動作還擊。若對方攻過來的球力量大，或拉出旋轉強的弧圈球，可用減力擋或側旋的動作還擊。若對方削過來的是下旋球，可用推下旋動作回擊。

　　總之，不能用一種推擋技術回擊所有來球，也不能不根據對方來球性能不加選擇地隨意使用某一種推擋技術回擊，要區別對待，靈活運用。

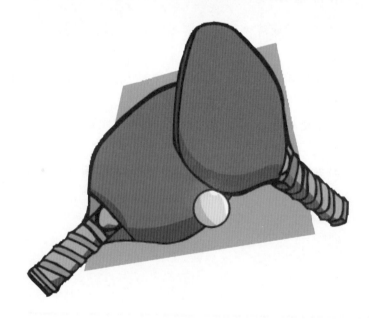

第 4 章

攻球技術

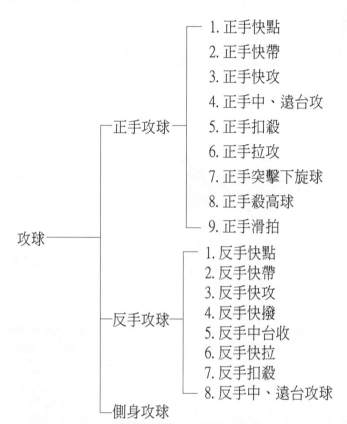

攻球 ─┬─ 正手攻球 ─┬─ 1. 正手快點
　　　│　　　　　　├─ 2. 正手快帶
　　　│　　　　　　├─ 3. 正手快攻
　　　│　　　　　　├─ 4. 正手中、遠台攻
　　　│　　　　　　├─ 5. 正手扣殺
　　　│　　　　　　├─ 6. 正手拉攻
　　　│　　　　　　├─ 7. 正手突擊下旋球
　　　│　　　　　　├─ 8. 正手殺高球
　　　│　　　　　　└─ 9. 正手滑拍
　　　│
　　　├─ 反手攻球 ─┬─ 1. 反手快點
　　　│　　　　　　├─ 2. 反手快帶
　　　│　　　　　　├─ 3. 反手快攻
　　　│　　　　　　├─ 4. 反手快撥
　　　│　　　　　　├─ 5. 反手中台收
　　　│　　　　　　├─ 6. 反手快拉
　　　│　　　　　　├─ 7. 反手扣殺
　　　│　　　　　　└─ 8. 反手中、遠台攻球
　　　│
　　　└─ 側身攻球

　　　　學習攻球應先從正手攻球開始，正手攻球是乒乓球正手攻球技術中的重要組成部分，具有快速有力的特點，能體現積極主動、快速進攻的指導思想。

　　　　對初學者來說，球在高點剛下降時，球比較穩定，動作容易掌握，可先練習正手攻球。在初步掌握動作後，再練習正手快攻、遠攻、拉攻、台內攻球、扣殺、側身正手攻球等技術。學反手攻球也是一樣，逐步由淺入深，由易到難。

一、正手攻球

1.正手快點

　　站位靠近球台，引拍，前臂、手腕向前揮動。當來球跳至高點期，下旋強時拍面稍後仰，擊球中下部，前臂、手腕向前上方發力。下旋弱時拍面垂直，擊球中部，前臂、手腕向前為主，適當向上用力。上旋時拍面稍前傾，擊球中上部，手臂直接向前用力。隨勢揮臂動作小，迅速還原。

　　要點：站位近、動作小、球速快、擊球點在台內，回球帶有突擊性。

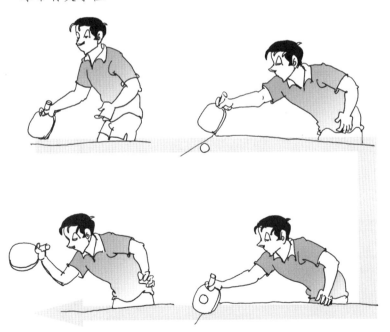

直拍正手快點球

橫拍正手快點球

站位靠近球台。

當來球跳至高點期，下旋強時拍面稍後仰，擊球中下部，前臂、手腕向前上方發力。

隨勢揮臂動作小，迅速還原。

2. 正手快帶

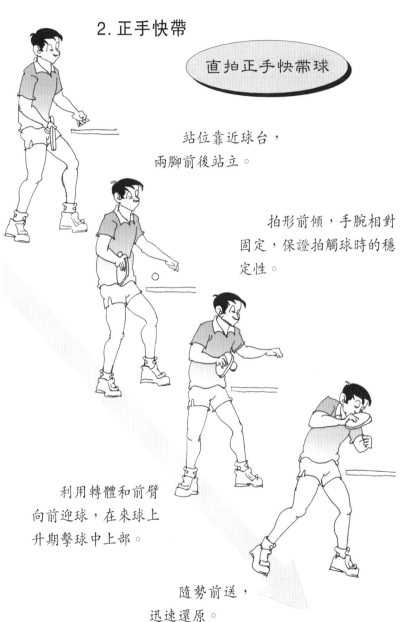

直拍正手快帶球

站位靠近球台，
兩腳前後站立。

拍形前傾，手腕相對
固定，保證拍觸球時的穩
定性。

利用轉體和前臂
向前迎球，在來球上
升期擊球中上部。

隨勢前送，
迅速還原。

橫拍正手快帶球

　　站位靠近球台，兩腳前後站立，引拍高於來球。拍形前傾，手腕相對固定，保證拍觸球時的穩定性。利用轉體和前臂向前迎球，在來球上升期擊球中上部。球擊出後，隨勢前送，迅速還原。

技術關鍵

　　落點判斷準確，控制好拍面方向和用力大小。發力主要部位是手臂借來球反彈力量帶擊，腰、髖配合，動作過程中身體重心從右腳移至左腳。

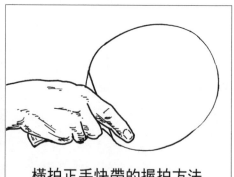

橫拍正手快帶的握拍方法

攻球實戰技巧

(1)由於攻球是在快速運動中進行的，所以動作方法難以定型，初學時一定要按動作結構反覆進行台下徒手模仿練習。

(2)由於乒乓球比賽是在走動中進行的，所以一定要加強步法練習，在走動中擊球。切忌只注意上肢動作，忽視下肢移動的偏向。

(3)平時練習要結合實戰，如練推擋結合側身攻，要注意側身前一板推擋球的質量，強調用落點或力量控制對方，然後再側身，不能養成盲目側身搶攻的習慣。

3.正手快攻

判斷來球，
選好站位。

向後下方引拍，
球拍不要低於球台，
右肩隨轉腰下沉。

在球的高點期擊球，
擊球的中上部，身體重心
由右向左轉移，擊球時以
前臂發力為主。

注意平衡重心，
迅速還原。

4.正手扣殺

根據對方來球
的落點調整站位。

擊球前，腰部轉
動帶動手臂向體側後
方引拍，加大球拍與
來球的距離，便於發
揮揮拍加速度和手臂
擊球力量。

擊球時，腰、腿同
時發力，拍形略前傾。
當來球下旋時，拍略低
於球；當來球上旋或不
轉時，拍略高於球。

上臂帶動前臂向前揮動，
以前臂發力為主。在來球的高
點期或下降前期擊球中上部。

5. 正手中、遠台攻球

直拍正手遠台攻球

當來球跳至下降
前期，上臂帶動前臂
同時加速向左前上方
揮動，拍面接近垂直
球中部向上摩擦。

左腳稍前站
立，引拍迎球。

擊球後，迅
速還原成擊球前
的準備姿勢。

横拍正手遠台攻球

技術關鍵

　　整個手臂要放鬆，拉開上臂與上體的距離。手臂揮動要快，用力要集中，適當運用腰、腿的力量。

6. 正手殺高球

身體離台略遠，兩腳前後站立。引拍、迎球。當來球跳至下降前期至頭肩之間高度時，整個手臂加速向左前下方揮動，腰、髖同時配合發力。拍面前傾擊球中上部。手臂繼續向左前下方隨勢揮動，迅速還原準備姿勢。

技術關鍵

手臂在引拍時儘量後拉，增加球拍與來球之間的距離便於發力。可跳起提高身體重心，利用蹬地和腰腹力量幫助用力。

判斷來球。球拍向後下引。轉腰,重心右移。

　在頭的前上方擊球,拍向前下方揮,擊球時手腕下壓,身體重心同時向左移。注意平衡和還原。

7. 正手滑拍

正手滑拍是回擊各種來球時配合運用的一項技術。它最主要的特點是動作小，變化突然，容易造成對手判斷錯誤而導致擊球失誤或回出高球。相持時運用這一技術，常能為進攻贏得機會。

站位近台。

在球台右角運用正手滑拍攻直線球，球拍觸球時手腕略微後屈便可打出直線球；在球台左角運用側身正手滑拍攻斜線時，手腕後屈動作較大，球拍由右向左摩擦球。

擊球後，順勢前送。

8.放短球

身體靠近球台,引拍迎球。當來球跳至上升期,手臂由原來的內旋突然外旋。擊球後,手臂繼續隨勢揮動,但幅度要小並應及時停止,迅速還原成擊球前的準備姿勢。

來球下旋強時,拍面稍後仰擊球中下部,稍用力向前送出;下旋弱時,拍面接近垂直擊球中部,借力還擊。

技術關鍵

引拍動作不宜過大。發力主要以前臂、手腕借力還擊,動作過程中身體重心放至兩腳。當對方來球是底線長球時,不宜放短球。

9.正手拉攻

　　左腳稍前，引拍迎球。當來球跳至高點開始下降時，上臂帶動前臂加速向左前上方揮動，手臂同時外展。擊球後，手臂、手腕繼續向左前上方隨勢揮動，迅速還原成擊球前的準備姿勢。

横拍正手拉攻

直拍正手拉攻

來球下旋強，拍面稍後仰擊球中下部。來球下旋弱，拍面接近垂直擊球中部。

技術關鍵

發力主要部位以前臂爲主，動作過程中身體重心從右腳移至左腳。

二、反手攻球

反手攻球是各種打法的運動員，特別是進攻類型運動員不可缺少的一項技術。比賽中運用反手攻球，常會出現兩面出擊壓制對方的局面，大大加強了攻勢，取得主動。

1. 反手快點

左半台近網短球，一般以左腳向左前方上步；中間偏左來球，多以右腳向前上步。上身靠近球台，前臂伸向台內迎球。球擊出後，迅速還原準備下一次擊球。

快點下旋球時，前臂和手腕向前上方用力，拍形稍後仰在下降前期擊球的中下部。

快點上旋球時，前臂和手腕向前下方發力，拍形稍前傾，在高點期擊球中上部。

2. 反手快拉

反手快拉是對付下旋來球的一項重要技術，其特點是站位近、動作小、速度較快、落點變化多，常能為突擊尋得機會。

站位較近台，調節好球拍觸球的部位，前臂和手腕自然放鬆。

前臂迎前加速揮動並稍向上向前加力，一般下降期或高點期擊球，前臂向外轉動時帶動手腕外展製造弧線。

反手快拉時，一般多以單步或跨步向左前方、左方或左後方移位，移動方向要根據來球長短、角度大小而定。

3. 反手快攻

　　右腳稍前幾乎成開立平站，引拍、迎球。當來球跳至上升期，肘關節內收，前臂加速向右前上方發力並外旋，手腕同時配合前伸和外旋，拍面稍前傾擊球中上部。擊球後，順勢前送，而後還原成擊球前的準備姿勢。

橫拍反手快攻

技術關鍵

球拍應引至身體左側後方。擊球時力量要重，球速較快，線路要靈活。

直拍反手快攻

4. 反手快撥

站位近台，兩腳平行站立或腳稍前。身體略向左偏斜，上臂自然地靠近身體，前臂迅速伸入台內迎球。擊球前，肘關節自然彎曲，拍引至腹部左側前，拍柄稍向下。擊球時，前臂做外旋並稍加用力帶動手腕向右前方揮動，肘略往後，拍形稍前傾，在來球的上升期擊球中上部。擊球後，球拍順勢前送迅速還原。

技術關鍵

出手要快，擊球時間要早，動作比較小，回復動作要快。

5.反手扣殺

站位離台稍遠，整個手臂儘可能向左後方引拍，以便拉開球拍與來球的距離，充分發揮手臂和腰的力量。

手臂在身前橫擺向前、向下加速揮動，球拍觸球時用力要集中，手腕控制拍面角度以提高擊球命中率。

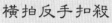

橫拍反手扣殺

站位離台稍遠，動作要大，球速要快，以力制勝。以整個手臂和腰的協調配合來增加擊球的爆發力。

擊球後整個手臂要迅速還原，及時準備下一次扣殺。

6.反手中、遠台攻球

直拍反手中、遠台攻球

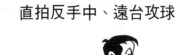

站位中、遠台，向左擺身，手臂向左後方引拍，前臂與地面略平行。

前臂在上臂帶動下快速發力，手腕控制拍面角度，球拍觸球中上部直接將球擊出。擊出後順勢前送，隨即恢復擊球前的準備姿勢。

橫拍反手中、遠台攻球

整個手臂要注意協調配合，用力要集中，根據來球角度拉開球拍與來球的距離，以利於加大擊球動作幅度，並借助一定的腰、腿力量。

7. 反手快帶

反手快帶速度快、弧度低，路線活，借力還擊，是對付弧圈球的一種技術，是相持或被動時轉變為主動的過渡技術。

反手快帶不宜發力。手臂自然彎曲，大膽外旋使拍面前傾，幾乎是原位迎球（向後引拍很少），將球拍引至身體左前方。借助腰、髖的轉動，手臂迎前帶擊，肘關節內收，手腕保持相對穩定，拍面前傾，球拍高於來球，擊球中上部。

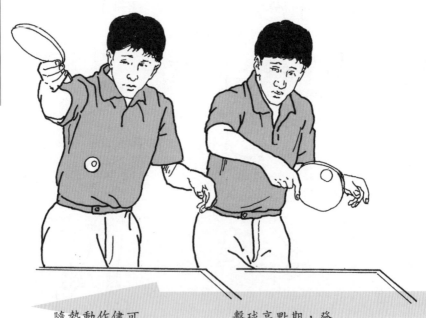

隨勢動作儘可能小一些。

擊球高點期，發揮手腕的彈擊力量。

8.反手遠攻

反手遠攻站位遠，動作大，力量較重，主動發力擊球。在對攻中可以發揮較重的擊球力量，配合落點能爭取主動或直接得分。被動防禦時，可以用它反擊。

動作方法：右腳稍前，身體離球台 1 公尺以外。擊球前，持拍手的上臂和肘關節靠近身體，前臂向左下方移動，將球拍移至腹前偏左的位置，拍形稍後仰。

擊球時，手臂由後向前揮動，前臂在上臂帶動下，向前上方用力，同時配合向外轉腕動作，在下降期擊球中下部。擊球後，大臂隨勢前送，肘關節離開身體，將球拍揮至頭部高度，身體重心移向右腳。

揮拍時，手腕內收，肘關節前頂。

判斷來球，向後方引拍。

三、側身攻球

側身攻球的動作要領，基本同正手快攻，只是步法稍有不同。

當雙方對攻、對推或對拉時，左腳往左移動一步，右腳跟著腰部向後轉動並移動到左後方，隨即進行側身攻，重心移至左腳。

當發球後搶攻、反手推壓時，先將右腳往左後方撤一步，同時向右扭轉上體，隨即左腳再往左移一步並出手擊球。

要點：動作要小，速度要快，側身用力不要過大，移動腳步時注意時機。

第４章　攻球技術

四、攻球技術練習

攻球技術教學，應先學習正手攻球，再學習側身攻球，然後學習反手攻球。在各類攻球的若干技術中，首先要重點抓好近台攻球技術，在熟練掌握近台攻球技術的基礎上，再逐步學習中、遠台攻球、扣殺球、拉抽球、台內攻球、攻弧圈球、殺高球等其它攻球技術。

〔練習１〕徒手模仿練習。
〔練習２〕主動改變攻球節奏練習。
〔練習３〕正（反）手兩點攻一點的定點練習。
〔練習４〕正手三點（或多點）攻一點練習。

攻球技術以速度和力量為主，結合落點變化，所以比賽中必須立足打在前面，先發制人，力爭掌握主動權。同時，在思想上要加強主動進攻意識的培養，攻球技術才能在比賽中發揮出更大的威力。

可根據個人的不同情況，結合其它技術，形成不同風格打法。如正、反手結合，可形成兩面攻打法；正手攻和推擋技術結合，可形成左推右攻打法；快攻為主結合弧圈球，可形成快攻結合弧圈打法；弧圈球為主結合快攻，可形成弧圈結合快攻打法；削球為主結合攻球，可形成削球結合攻球打法。

第

弧圈球技術

5

章

　　隨著乒乓球運動的日新月異，弧圈球技術有了很大的發展，出現了以弧圈球為快攻創造機會，被動時作為過渡，主動時發力拉沖直接得分。弧圈球的種類很多，主要有正手加轉和不轉、正手前沖、正手側旋、反手弧圈球等等。

弧圈球是一種上旋非常強的進攻技術。弧圈球能夠製
造適當的弧線，回擊低而強烈的下旋球，與攻球相比有更
多的發力擊球時機，這可以體現出它的穩健性；如拉出的
弧圈球質量高，無論是對攻球還是削球，其殺傷力均很
大，能直接得分，這又體現了它的攻擊力。因此，比賽中
運用弧圈球技術，既可以主動攻擊，又可以作為相持或被
動時的過渡技術。

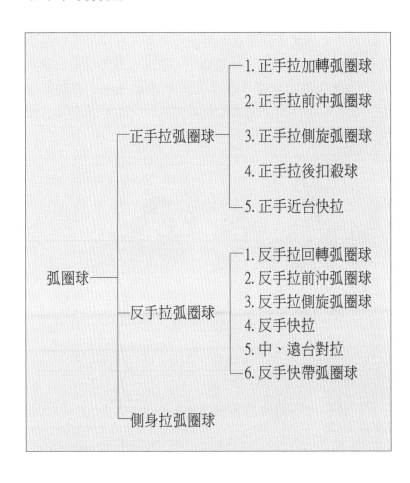

一、正手拉弧圈球

1. 正手拉加轉弧圈球

兩腳左右開立，稍大於攻球時距離，兩膝稍彎曲，身體重心較低。執拍手沉肩垂臂，引拍至身體後下方，拍面稍前傾，身體重心移至右腳。大臂帶動前臂向前上方揮拍，逐漸加快揮拍速度。

根據來球旋轉程度控制好拍形角度並找準擊球時間，身體重心向左腳移動。拍觸球時，右腳蹬地身體向左側轉動，迅速收縮前臂在摩擦球瞬間，通過手腕手指加速發力，在來球下降期擊球的中部或中上部。拉球後，球拍隨勢揮至頭部高度，身體重心移至左腳上。

直拍正手加轉弧圈球

横拍正手加轉弧圈球

球繞前後軸旋轉

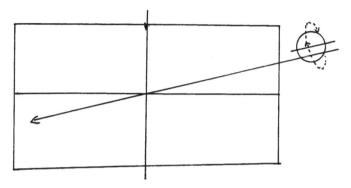

　　發力方向是向上為主略帶向前，發力的關鍵是觸球前動作要逐漸加快，到觸球時達到最快速度。

2.正手拉前沖弧圈球

(1)橫拍正手拉前沖弧圈球

站位時，兩腳分開比肩寬，判斷來球，確定擊球時間和擊球部位。

球拍向後下方引，球拍適當前傾。身體向側轉，重心移至右腳，持拍手不要過於緊張。

由於拉弧圈球的力量
大，隨勢揮拍的距離要長一
些。此時要注意調整好重
心，以便於下一次進攻。

揮拍擊球時，重心向左腳
移動，帶動手臂向前上方揮，
在肘彎曲約 100～140 度之間
摩擦球。摩擦球時，擊球點在
身體側前方，約在腰側前方。
力量要集中，要有爆發力。拉
球在高點期或高點前期。

（2）直拍正手拉前沖弧圈球

球拍向前上方揮動，擊球點約在腹側前方。在肘收至 110～140 度之間，摩擦球的中上部。身體重心移向左腳，手臂發力，手腕發力與調節結合。拉球高點期或高點前期。

隨勢揮拍後，調整身體重心，並還原。

站位的重心稍低。
判斷來球，確定擊球時
間和擊球部位。

球拍向下方引拍時，腰向
後方轉動，重心移至右腳，以
便於充分用身體的力量。球拍
適當前傾。

正手前沖弧圈球的技術特點：
(1)出手快，球速快，力量大，突然性強。
(2)飛行弧線低，落台後球有些下沉。
(3)它是一種將力量和旋轉結合較好的進攻性技術。
(4)是對付搓球、削球、推擋、發球以及拉球的有效
技術。

3. 正手拉側旋弧圈球

　　兩腳開立，右腳稍後，兩腳稍屈，執拍手向下後方引拍，稍靠身體後。拍頭稍下垂，身體重心落在右腳上。眼睛看準來球，執拍手迎球揮拍，向外側向前上，同時轉動身體重心。

　　拍觸球時，右腳蹬地，轉體用力，大臂帶動前臂收縮，觸球的瞬間通過手腕加速摩擦擊球，並有一個向內側兜動的動作。擊球後，球拍揮至頭部高度。

4. 正手近台快拉

快拉時，站位近台，引拍幅度不能大，擊球時，拍面略前傾，在上升或高點期擊球，觸球中部或中上部；擊球後，順勢前送，並迅速還原準備姿勢。

引拍時，要充分運用前臂和手腕的力量，以向前上方發力摩擦球為主。

要點：拉側旋球的關鍵是手臂的弧形揮動和拍摩擦球的部位；觸球部位由球的右側中部或中下部向右側中上部摩擦。

5.拉後扣殺弧圈球

拉後扣殺球時，拍面稍前傾，近乎垂直。擊球中上部，發力直接向前略偏下。擊球後順勢前送，隨後迅速恢復擊球前的準備姿勢。

要點：擊球部位爲球的中
上部，發力直接向前略偏下。

第5章 弧圈球技術

二、反手拉弧圈球

1. 反手拉加轉弧圈

　　球拍引至腹部下方，腹內收，肘關節略向前出，手腕下垂，拍面前傾。在下降期擊球，以肘關節為軸，前臂迅速向上揮動，觸球中上部。擊球後順勢前送，而後迅速還原成準備姿勢。

2.反手拉側旋弧圈球

　　左腳稍前或平站，根據來球選擇站位的遠近，引拍、迎球。當來球跳至下降期，腰、髖向右轉動，以肘關節為軸內收，前臂加速向左側外再向內兜動，同時直握拍手腕做伸，橫握拍手腕做外展，拍頭下垂拍面偏右，擊球左側中部或中下部。擊球後，手臂繼續向內上方隨勢揮動，迅速還原成擊球前的準備姿勢。

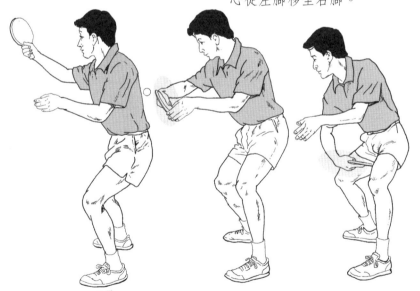

要點：發力主要部位以整個手臂為主，腰、髖配合，動作過程中身體重心從左腳移至右腳。

3.反手拉前沖弧圈球

球拍向上前方揮動,擊球點在腹前方。觸擊球時,身體向前上方頂勁。

前臂以肘關節為軸,快速發力帶動手腕扭動發力,摩擦球的中下部,拉球的高點期。

注意還原。

判斷來球，調整好拍面角度。

身體重心下降，右肩下沉，球拍向下後方引至大腿內側。

球拍適當前傾，肘關節略向前頂出，持拍手要適當放鬆，手腕稍外展。

技術關鍵

　　發力主要以前臂為主，動作過程中身體重心從左腳移至右腳。反手拉前沖弧圈球動作小，突然性強，具有一定的攻擊力，是主動上手的有效技術。

三、側身拉弧圈球

　　動作的主要部分與正手拉加轉弧圈球和前沖弧圈球基本相同。要求敢於大膽側身，步法及時到位，不要顧慮右方空檔，以免影響發力和準確性。

四、弧圈球練習

在學習弧圈球之前，先打下一定的攻球基礎，有助於較快地掌握弧圈球技術。弧圈球技術教學，要先學習正手弧圈球，再學習側身弧圈球，然後學習反手弧圈球。在各類弧圈球的若干技術中，可先學習加轉弧圈球，再學習前沖弧圈球，然後學習側旋弧圈球等其它技術。

前沖弧圈類打法的主要得分手段，應作為教學的重點。

〔練習1〕在教授某一項技術之前，可按照該項技術的動作結構，做台下上肢徒手模仿練習。

〔練習2〕在原地做上肢徒手動作的基礎上，結合下肢步法做移動中的徒手模仿練習。

〔練習3〕一人發正手位斜線平擊球，另一人練習拉弧圈球。

練習時，一是學會在什麼擊球時間拉球；二是將自拋自拉的摩擦球的感覺轉移到此項練習中來。

〔練習4〕一人發正手位斜線下旋球，另一人練習拉弧圈球。

練習時，一是學會拍面的調節。二是學拉球時動作的有效用力，即能使球得到充分的摩擦。三是學會正確的發力方法，即在全身協調用力基礎上，前臂的加速收縮和手腕用力。

〔練習5〕多球練習。

練習時，一是通過多球進行大量的重複性練習，以利於動作概念的建立及拉球能力的提高。二是送不同落點的

球，學會用步法找好拉球的合理位置，以及送不同旋轉的
球，學會比較自如地調整好拍面角度、發力方向和控制好
力量。

弧圈球技術在運用上是透由主動加強擊球上旋強度，造成對方回接困難或直接失誤。但在一場比賽中，不可能自始至終都是拉弧圈球，通常都要與其它技術結合運用。

　　根據弧圈球技術使用比例大小和不同使用目的，可形成不同技術風格打法。

　　一種是以弧圈球為主，結合快攻，有機會即儘量使用弧圈球技術，充分發揮其威力，一種是以快攻為主，結合弧圈球技術，以弧圈球來為進攻開路，被動相持時以它來過渡，伺機反攻。

　　當對方搓或削來下旋強的球，拉加轉弧圈球比較容易。如對方用拉球、推擋、攻球打來速度較快的上旋球時，就不宜拉加轉弧圈球，而應運用前沖弧圈球。

　　前沖弧圈球使用範圍較廣，除來球較高應扣殺外，對於其它多種來球，只要部位適合，都可運用。

第5章

弧圈球技術

第 6 章

搓球技術

第6章 搓球技術

　　搓球是近台還擊下旋球的一種基本技術，比賽中經常用它為拉弧圈球創造條件，它與攻球結合可形成搓攻戰術。搓球也可用於接發球，其旋轉和落點變化比較多，所以可用作過渡技術。

　　搓球動作和削球近似，是學習削球必須掌握的基礎入門技術。對初學者來說，首先應學習反手搓球，再學習正手搓球。先練習慢搓，再練習快搓。在基本熟悉以上技術之後，再練習搓轉與不轉的球。

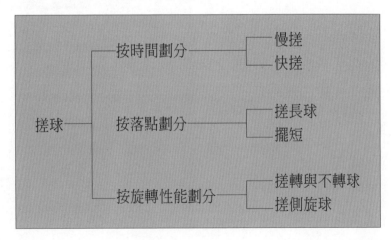

横拍反手搓球

第6章 搓球技術

直拍反手搓球

1. 直拍反手慢搓

右腳稍前，身體離台約 50 公分。手臂內旋使拍面角度後仰，手臂向左上方移動，前臂提起，同時直握拍手腕做屈，將球拍引至身體左上方。手臂向右前下方迎球。

當來球跳至下降前期，前臂加速向左前下方用力，同時直握拍手腕做伸，拍面後仰擊球中下部。

擊球後，手臂繼續向右前下方隨勢揮動，迅速還原成擊球前的準備姿勢。

2.橫拍反手慢搓

右腳稍前，身體離台約 50 公分。

橫握拍手腕做外展，將球拍引至身體左上方。手臂向右前下方迎球。

當來球跳至下降前期，前臂加速向左前下方用力，同時橫握拍手腕做內收。拍面後仰擊球中下部。

擊球後，手臂繼續向右前下方隨勢揮動。

技術關鍵

發力主要部位以前臂、手腕爲主，動作過程中身體重心從左腳移至右腳。

3. 直拍正手慢搓

左腳稍前，身體離台約 50 公分。

引拍，手臂向左前下方迎球。

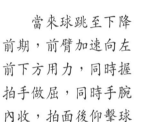

當來球跳至下降前期，前臂加速向左前下方用力，同時握拍手做屈，同時手腕內收，拍面後仰擊球中下部。

擊球後，手臂繼續向左前下方隨勢揮動。

技術關鍵

擊球時機應在球的下降期。發力主要部位以前臂、手腕為主，動作過程中身體重心從右腳移至左腳。

4.直拍快搓

站位近台。手
搓球時，引拍至身
體左（右）上方。

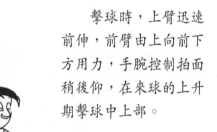

擊球時，上臂迅速
前伸，前臂由上向前下
方用力，手腕控制拍面
稍後仰，在來球的上升
期擊球中上部。

注意還原。

技術關鍵

若來球下旋較強，
球拍多向球的底部摩
擦，手指手腕多向前用
力。若來球下旋較弱，
拍觸球中下部，手指、
手腕多向下用力。

5.橫拍快搓

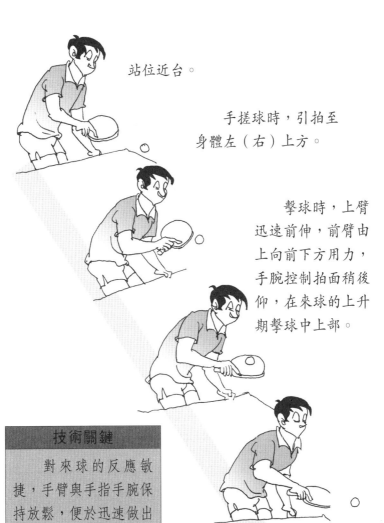

站位近台。

手搓球時，引拍至身體左（右）上方。

擊球時，上臂迅速前伸，前臂由上向前下方用力，手腕控制拍面稍後仰，在來球的上升期擊球中上部。

技術關鍵

對來球的反應敏捷，手臂與手指手腕保持放鬆，便於迅速做出迎球揮拍和還原動作。

6. 直拍反手回擺短球

回擺短球時，身體
向前移動，靠近球台。

球拍稍後仰，引
至適當的高度。

球拍向前下方快速
搓出，擊球點在球的上
升期，力量不應太大。

注意還原。

7. 橫拍反手回擺短球

回擺短球是下旋控制和接發球控制的有效技術，具有動作幅度小，出手快，回球短等特點。

回擺短球時，身體向前移動，靠近球台。

球拍稍後仰，引至適當的高度。

球拍向前下方快速搓出，擊球點在球的上升期，力量不應太大。

注意還原。

8. 直拍正手回擺短球

　　搓球擺短動作小，回球快、落點短、弧線低，故使對方難以有搶攻、搶位、搶沖的機會，是用來對付網下旋來球的一種好辦法；但當對方來球長而不轉時，則不宜使用擺短技術。

判斷來球，
選好站位。

球拍向側後方引，
右腳準備向前邁步，球
拍稍後仰。

技術關鍵

　　根據對方來球性能，及時調整好拍面角度，稍稍加快擊球時間。擊球時，要根據對方來球的性能，及時調整好拍面角度，稍稍加快擊球時間，手臂和手腕發力要小，主要借助來球反彈回擊。

　　拍向前下側方揮動，在來球的上升期，擊球的中下部。觸球時用手腕適當發力。

　　擊球後，隨勢動作不宜過大。

9. 搓轉與不轉球

快搓和慢搓均能搓加轉球與不轉球，它主要是取決於作用力是否通過球心。搓球時力量大，切球薄，旋轉力就強。作用力通過球心則不轉。

搓加轉球時，前臂和手腕加速向前下方用力，切球的中下部，用球拍的靠下部分觸球以利於摩擦球。

搓不轉球和搓轉球的動作相似，但前臂和手腕要多向前上方用力，用球拍的靠上部分或中間部分碰球，形成相對的不轉。

對搓時回球的性能主要有 3 種：

(1)甲方搓加轉球，乙方搓不轉球或搓球下旋力小於甲方，則乙方回過去的球呈上旋。

(2)甲方搓不轉球，乙方搓加轉球，則乙方回過去的球呈下旋。

(3)雙方搓球旋轉力基本相等時，來球成不轉的飄球。

搓球實戰運用技巧

(1)因搓球多在台內進行,所以動作不宜過大,發力要集中,要多用前臂和手腕。

(2)搓球雖然移動範圍較小,但一定要做到每球必動,擊球到位。這樣,不但能夠提高搓球質量,而且能夠隨時起動進攻。

(3)對於搓球,一方面要認識到它是一項為進攻服務的過渡技術;另一方面又要認識到,只有提高搓球質量,才能達到主動過渡,真正為進攻服務的戰術目的。

第6章　搓球技術

10. 正手搓側旋球

擊球前手臂略提起，右腳和身體迎前，在高點期或下降前期擊球。擊球時手腕要稍後屈，觸球的中下部。

手臂發力摩擦球體的同時，手腕輔助用力。

直拍正手搓左側旋球

技術關鍵

發力以整個手臂爲主，手腕配合，動作過程中身體重心從右腳移至左腳。

橫拍正手搓左側旋球

11. 反手搓側旋球

直拍反手搓右側旋球

在高點期或下降前期擊球。擊球前,球拍先迎前,觸球中下部。

搓球時,手臂發力摩擦球的同時,手腕輔助用力。

技術關鍵

發力以整個手臂爲主,手腕配合。擊球時,手指握拍應放鬆,以利於手腕做屈、伸動作。

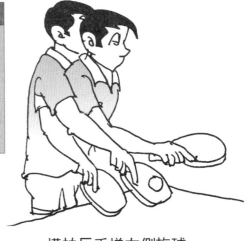

橫拍反手搓右側旋球

12. 搓球技術練習

搓球技術教學，先學習反手搓球，再學習正手搓球；先學習慢搓，再學習快搓。在掌握以上搓球技術的基礎上，再進一步學習搓加轉球與不轉球。教學中，要著重抓好反手搓球技術。

〔練習1〕按照搓球動作結構，做台下上肢徒手模仿練習。

〔練習2〕對搓練習。先固定練習路線，如雙方用反（正）手對搓中路直線，左方斜線、左方直線、右方斜線、右方直線，提高搓球的準確性。先練慢搓後練快搓與轉與不轉球，提高搓球的節奏和旋轉變化。

直拍反手回擺短球

〔練習3〕一點搓不同落點練習。陪練者將球先搓至主練者台面某固定一點，主練者根據練習要求，採用不同搓球動作將球搓至對方任何一點。對方可用多球供球。提高搓球的落點變化能力。

由於搓球具有旋轉、速度、落點變化，常用於接發球或搓球過渡，爲進攻創造機會。運用搓球，首先必須了解對搓時的3種性能：

　　(1)甲方搓加轉球，乙方搓不轉或搓球下旋強度小於甲方，則乙方回過去的球呈上旋。

　　(2)甲方搓不轉球，乙方搓加轉球，則乙方回過去的球呈下旋。

　　(3)雙方搓球旋轉強度基本相等，來球成相對不轉的飄球。

　　搓球在實踐中運用的機會很多。例如，在接台內旋轉球不能搶攻、搶拉、搶沖時，雙方在台內用下旋球相持時，在用台內球控制對方搶攻、搶位、搶沖時都可運用。

　　此外，還可根據個人打法特點和戰術需要，主動運用搓球技術。如善於拉加轉弧圈球或善於搓中突擊者，可主動運用高質量的搓球，迫使對方用搓球回球，然後搶先上手，拉加轉弧圈或突擊。

第

削球技術

章

削球技術有兩大特點：穩健性和積極性。

穩健性表現在它站位離台較遠，較多地在來球下降後期擊球。這就使得自己有比較充分的準備時間。另外，由於來球的速度、旋轉在下降後期已經減弱，因而就比較容易回擊。

積極性表現在它的旋轉變化和落點變化上。運用加轉與不轉的削球，結合左、右、長、短的落點變化，常會使對方難以攻擊，造成被動或失誤。

一、近削

近削站位較近，動作較小，擊球點高，回球速度快，配合落點變化可調動對方，增加其回接難度。近削逼角能使對手回球困難，從而伺機反攻或直接得分。

1. 正手近削

左腳稍前站立，向後引拍，引拍至身體右上方。手臂向左前下方迎球。

當來球跳至高點期或下降前期，隨著身體向左轉動，在上臂帶動下前臂向左前下方用力，同時直握拍手腕做屈，握拍手腕做內收，拍面稍後仰擊球中部偏下。擊球後，順勢前送，迅速還原準備姿勢。

直拍正手近台削球

發力部位，以前臂、手腕為主，動作過程中重心從左腳轉為右腳。

横拍正手近台削球

2. 反手近削

　　當來球跳至高點期或下降前期，隨著身體向右轉動，在上臂帶動下，前臂向右前下方用力，同時直握拍手腕做屈，橫握拍手腕做內收，拍面稍後仰擊球中部偏下。

直拍反手近台削球

橫拍反手近台削球

右腳稍前站立,將球拍引至身體右上方。身體向右轉動,手臂向右前下方迎球。

當來球跳至高點期或下降前期,拍面稍後仰擊球中部偏下。

擊球後,手臂繼續向右前上方隨勢揮動,迅速還原成準備姿勢。

二、遠削

遠削動作大，球速慢，弧線長，擊球點低，以旋轉變化為主，配合落點變化，可調動對方增加其回接難度或直接失誤。遠削也是化解大力扣殺和前沖弧圈球的有效技術。

1. 正手遠台削球

判斷來球，降低重心。　　　　球拍稍向後引，球拍橫立，身體重心下降，左腳向前邁出。

隨著乒乓球運動的發展，單純的穩削已顯得越來越被動，只有在加強適應弧圈球強烈上旋的基礎上，加強旋轉變化和落點變化，才能在比賽中獲得更多的主動。這實際上把削球的積極性方面提到了一個新的高度。爲了達到這個目的，提高削球技術質量就具有十分重要的意義。

　　要點：發力主要部位以整個手臂爲主，手腕配合。由於擊球點低而且站位遠，所以要加大擊球力量和多向前用力。

　　球拍後仰，向前下方揮拍，擊球點在身體側前方，擊球點較低。

　　球拍向前下繼續揮動。

2. 反手遠台削球

當來球跳至下降後期，隨著身體向左轉，上臂帶動前臂同時向右前下方用力，直握拍手腕做伸，橫握拍手腕內收，拍面後仰擊球中下部。

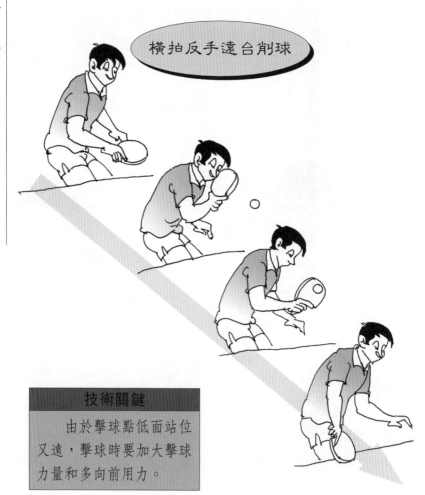

橫拍反手遠台削球

技術關鍵

由於擊球點低面站位又遠，擊球時要加大擊球力量和多向前用力。

直拍反手遠台削球

右腳稍前，身體離台 1 公尺以外。手臂內旋使拍面角度後仰，身體向左偏斜，手臂向左後上方移動，前臂提起，同時直握拍手腕做屈，橫握拍手腕做外展。

身體向右轉動，手臂向右前下方迎球。

當來球跳至下降後期，拍面後仰擊球中下部。

手臂繼續向右前下方隨勢揮動，迅速還原成擊球前的準備姿勢。

三、中台削球

判斷來球，選好站位，左腳稍前，雙膝微屈。

向後上引拍，球拍橫立，身體向後轉動。

球拍向前下方揮動，在身體腰側方擊球，觸球時用腰帶臂一同發力，身體重心同時向前下移動。

技術關鍵

擊球點要高，動作速度要快，回擊球的弧線要低。

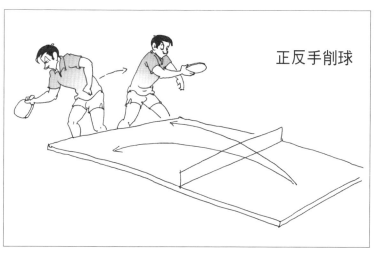

正反手削球

球拍向前送出，並還原。

四、削加轉弧圈球

加轉弧圈球球速相對較強，弧圈較高，上旋較強。在削加轉弧圈球時，一般是在來球的下降後期，以便於對球進行弧線控制，也利於加強削球的旋轉。

正手削加轉弧圈球

根據來球落點的遠近，選擇好合適的削球位置。正手削球時，左腳稍前，反手削時，右腳稍前。以將球的擊球點選在左、右腹前為宜。雙膝彎曲度稍大些。正手削球時，持拍手向右後上方引拍，動作幅度稍大些，使球拍與擊球點之內有適當的揮拍加速距離。反手削球時，引拍向左後上方，動作幅度小於正手引拍。

反手削加轉弧圈球

拍觸球時,以大臂帶動前臂發力為主,拍形稍立一些。手腕相對固定。手臂的發力順序是先壓後削再送,即先向下用力為主、向前為輔,手腕不要過分轉動。

第7章 削球技術

正手削球揮拍動作由右後上方向左前下方揮拍,反手削球揮拍動作由左後上方向右前下方。擊完球後,動作繼續向前下方揮動,並迅速還原。

五、削突擊球

在對方發球、搓球、吊短球、拉球後進行的突擊，使前一板球與接突擊球之間的差別很大，加大了回削難度。所以，必須具有靈活的步法、準確的判斷和較好的控制能力，才能頂住對方的突擊，轉被動為主動。

1. 正手削突擊球

橫拍正手削突擊球

手臂繼續向右前下方隨勢揮動，迅速還原成擊球前的準備姿勢。

以整個手臂發力為主，動作過程中身體重心從右腳移至左腳。

左腳稍前站位，將球拍引至身體右前上方。手臂從右前上方向下迎球。

當來球跳至下降期，拍面接近垂直擊球中部偏下，整個手臂從上向右下方壓切，要求壓多於前送力，借助來球反彈力回擊。

2.反手削突擊球

根據來球迅速移動步
法向後退、右腳稍前。

手臂自然彎曲並內旋，
使拍面角度接近垂直，加大
手臂上提動作，將球拍引至
身體左前上方。手臂從左前
上方向下迎球。

當來球跳至下降
期，拍面接近垂直擊球
中部偏下，整個手臂從
上向右下方壓切，要求
壓切力多於前送力，借
助來球反彈力回擊。

擊球後，手
臂繼續向右前下
方隨勢揮動。

六、削輕拉球

削輕拉球一般是在來球的下降前期擊球，此時，來球的前沖或旋轉都比較弱，正宜趁機加快回球的速度，並有利於配合落點變化來調動對方，贏得主動。

直拍削輕拉球

橫拍削輕拉球

兩腳開立或前後
站立，引拍、迎球。

擊球時，如在
來球的下降後期擊
球或擊球點較低
時，拍面後仰角度
應大些。

擊球部位也應靠下一
些，並適當加大向前送球
的力量，以增加回球弧線
的高度和延長打出的距
離，以免削球下網。

擊球順勢前送後，迅速
恢復擊球前的準備姿勢。

七、削追身球

削追身球是指對方將球擊到中路時，所採用的削球技術。削追身球時，要儘量使身體讓位，運用步法移動給擊球留出空間，儘量將球控制好。

（1）正手削追身球

手臂揮拍擊球時壓球用力的大小，主要視來球的速度和站位離台的遠近來決定。

根據來球選位。

引拍至後上方，球拍向前下方揮拍，控制好板面角度，找準擊球時機，擊球中下部。

擊球後，隨勢向前下方揮拍，迅速還原準備姿勢。

（2）反手削追身球

選位，手臂稍內旋使拍面角度稍後仰，上臂靠近身體，前臂迅速提起，同時直握拍手腕做屈，橫握拍手腕做外展，將球拍引至身體左上方，手臂向前下方迎球。

第7章

削球技術

當來球跳至下降期，前臂從上向下用力，同時直握拍手腕做伸，橫握拍做內收，拍面稍後仰擊球中下部。

手臂繼續向下隨勢揮動，迅速還原成擊球前的準備姿勢。

八、削球技術練習

學習削球技術之前，應先掌握搓球技術，待具備一定的搓球技術基礎之後再開始學習削球技術。在削球技術教學中，一般先學習正手削球，再學習反手削球；先學習遠削，再學習近削；先學習削一般下旋球，再學習削加轉下旋球，然後學習削不轉球；先練習削接攻球，再練習削接弧圈球；先練習削接左右來球，再練習削接追身來球。

〔練習1〕按照削球的動作結構練習做台下上肢徒手模仿練習。

〔練習2〕用正、反手削對方發球練習。練習重點：

削球實戰運用技巧

(1)削球站位遠，回接時移動範圍大，因此要注意上肢動作的應用，更應加強步法的移動。只有削球到位才能提高削球質量，才能隨時伺機反攻。

(2)削球技術的動作結構，要求更為嚴格，不得有半點含糊。如削加轉球或前沖弧圈球，擊球時間必須是下降後期，不能過早搶削；拍面絕對不能過於後仰，不然會直接失分。

(3)削球時不但要注意上肢動作和步法移動，同時應注意腰、膝、重心移動等輔助力量的協調配合。

一是削對方發過來的上旋長球，體會削球的完整動作。二是削對方發的下旋球，體會拍面角度調整對球弧線的影響。

〔練習3〕用正、反手連續削對方的拉球練習。練習重點：一是練習連續用正反手回削拉球；二是練習對拉球的控制。

小結

削球是防守中的一項重要技術。隨著乒乓球運動的發展，攻球和拉弧圈球技術的不斷提升，給削球打法提出了更高的要求，再也不能像以前那樣一守到底，消極被動地靠對方失誤僥倖取勝，而是要在穩健削球的基礎上，在旋轉變化上要有所創新、有所發展。比如，要加強轉與不轉之間的旋轉差別，利用兩個不同性能的球拍等。還要將旋轉變化與快速逼角落點變化結合起來使用，將消極防守變積極防守，隨時伺機進攻。這是削球打法今後的發展方向。

第

乒乓球基本步法

章

　　步法指擊球員為選擇合適的擊球位置所採用的腳步移動方法。著名乒乓球運動員莊則棟指出：「每一個擊球動作之起始，力量的來源，無不來之於腳和腿。步法是運動的基礎。」日本前世界冠軍長谷川信彥的名言：「步法是乒乓球運動的生命。」步法的特點是：起動快、移動快、頻率快。

一、單步

　　單步，移動簡單，範圍小，重心移動平穩。當來球離身較近時使用。以一腳為軸心，另一腳向前、後、左、右移動一步，身體重心也隨之落到移動腳上，揮臂擊球。

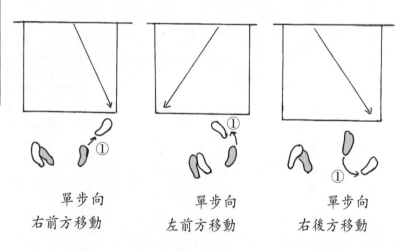

單步向
右前方移動

單步向
左前方移動

單步向
右後方移動

　　要點：在做單步移動時，身體重心必須向擊球方向移動，並應注意立即用移動腳的前腳掌內側用力蹬地還原，保持準備姿勢。許多初學者在做步法練習時並不重視還原，這是一種錯誤的做法。

1. 單步用於正手接台內短球

右腳蹬地，左腳
向台內邁出，落地的
同時擊球。

可以結合身體訓練進行的步法練習。教師用手勢
或口令發出各種指示。學生根據指示進行各種快速變
向的腳步移動練習。要求學生判斷準確、起動及時、
移動快速、步法正確。

2.單步用於正手位攻球

左腳蹬地，右腳
向右側大跨一步，落
地的同時擊球。

二、滑步

滑步,移動範圍較大,重心轉換迅速。當來球身較遠時使用。移動後兩腳距離基本不變,適合連續快速回擊來球。兩腳幾乎同時向來球方向蹬地,幾乎同時離地,來球異側方向腳先落地,同方向腳緊隨著地,揮臂擊球。

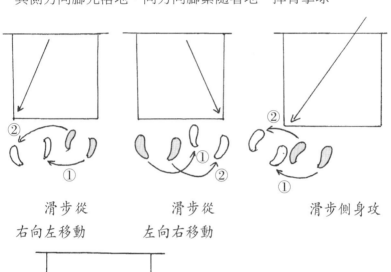

滑步從
右向左移動

滑步從
左向右移動

滑步側身攻

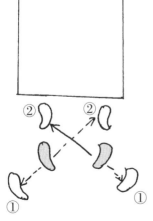

兩面攻運動員從基本站位向左右移動時多採用「滑步」。即一腳向來球方向移動,另一腳隨即跟著移動一步。

要點:移動時,第一步小、第二步大,動作速度應快捷。

三、跨步

在來球急、角度大的情況下，多採用「跨步」。即先以來球同方向的腳向側跨一大步，另一腳再跟著移動。

要點：步法移動速度要快，移動範圍要大。

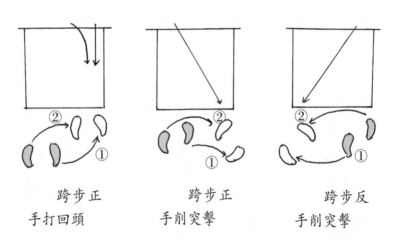

跨步正　　　　　　跨步正　　　　　　跨步反
手打回頭　　　　　手削突擊　　　　　手削突擊

跳　步

跳步分爲小跳步和大跳步兩種。

小跳步亦稱作小墊步。兩腳的前腳掌幾乎同時上下輕輕跳一下或踮一下，有時兩腳是不離開地面的。一般用於還原身體重心或腳距，調節擊球的姿勢。

大跳步在來球較快、角度較大時採用。即來球異方向的一腳前腳掌內側用力蹬地，使兩腳離開地面同時向前、後、左、右方向跳動。蹬地腳先著地。

四、交叉步

交叉步，移動範圍比其他步法大，當來球離身遠時使用，適用於主動發力進攻。來球同方向腳蹬地，異方向腳向來球方向跨出一大步。此時，在身前形成交叉狀，然後蹬地腳迅速跟上解除交叉。

要點：動作過程要求上肢、腰、髖、下肢密切配合。

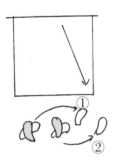 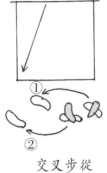 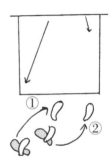

交叉步從　　　　交叉步從　　　　交叉步從左
左向右移動　　　右向左移動　　　向右前方移動

步法訓練注意事項

(1)步法起動的快慢與準備姿勢有著密切的關係。正確的準備姿勢，有利於步法的快速起動。

(2)為保持擊球動作的穩定性，移動前後，應儘量使重心保持在相近的水平面上，不要有高低的起伏。

(3)迅速而有力的蹬地動作將會加快起動速度。側向移動時，要側蹬和側跨。這是乒乓球步法移動的主要特點。

在來球離身遠的情況下，擊球時多採用「交叉步」，即先以來球反方向的腳向來球方向移動，並超過另一腳，然後另一腳隨即向來球方向移動。

　　為了適應比賽的需要，步法訓練越來越受到人們的重視。沒有靈活的步法，就不可能及時搶占擊球位置，有效地回擊來球，手法也將失去它的使用價值。

　　步法的好壞與專項身體素質、技術水平都有一定的關係。因此，在步法訓練的同時，必須注意與專項身體素質訓練及技術訓練緊密結合。

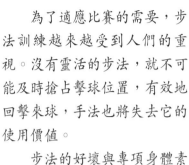

①

②

五、側身步

當來球逼近擊球員身體或者來球至擊球員反手位時，擊球員採用側身正手進攻的步法。側身攻時，根據來球距擊球員身體的遠近距離，可採用單步側身、併步側身、跨步或向後反交叉步側身。

1. 單步側身

右腳向左腳後方跨一步後側身擊球。例如中路側身攻球，打直線可起到偷襲作用。

2. 併步側身

右腳先向左腳靠一步，左腳再向左跨一步。側身拉弧圈球時常採用此步法。

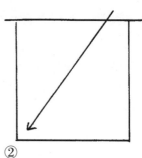

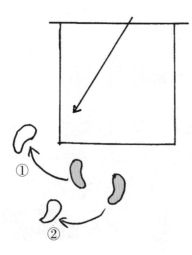

3. 跨步側身

又稱「小側身」，其優點是快速簡便，跑動範圍小。跨步側身時，左腳向左側跨一步，右腳隨即跟上擊球。

4.向後反交叉步側身（大側身）

當來球離擊球員身體較遠或擊球員主動進攻時採用。

其動作方法有兩種：一是右腳先蹬地移至左腳的後面，左腳再蹬地向左側跨一步（如右圖）；或者在右腳尚未落地時，左腳向左側跳，右腳、左腳依次先後落地。同時，腰、髖關節配合向右後方轉動讓位。

快攻型或弧圈型打法選手用此步法側身後，發力搶攻或搶沖。其優點是側身範圍大、側的開，側身後便於保持基本姿勢。

要點：兩腳儘量貼近地面移動；要保持全身的緊湊；用前腳掌內側用力蹬地。

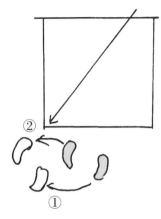

六、結合步

在乒乓球比賽中，如果使用一種步法仍不能獲最佳擊球位置時，則可用結合步來完成。結合步的移動範圍比任何一種單一步法都大。在完成一次擊球時，使用兩種或兩種以上單一步法的動作方法進行結合。

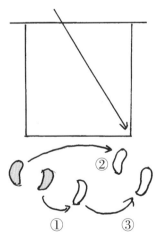

單步與交叉步結合，從左向右移動

七、步法練習

　　乒乓球速度快、變化多，因而運動員必須熟練地掌握各種步法，並能在複雜的環境中靈活地加以運用。乒乓球的步法，要求反應及時，判斷準確，腳步靈活，移動迅速。

　　〔練習1〕學生兩人一組，分別站在球台兩端或兩人對面站立，一人用揮拍動作作指示，另一人根據對方揮拍動作的判斷，徒手進行步法練習，或結合揮拍動作進行步法練習，要求學生判斷準確，起動及時，步法正確，移動迅速。

　　〔練習2〕8字踩點。平整場地上一個「8」字圖形。開始前，運動員站於D處，聽動令後用滑步按 DA→AB→BC→CD→DC→CB→BA→AD 移動，再重複一次。計其所需時間。注意：移動時必須踩到點上，否則不予計算。

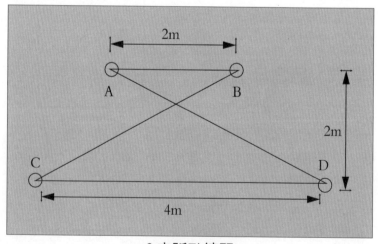

8字踩點練習

〔練習3〕限定採用各種不同步法，托球進行「∞」字跑的接力練習。

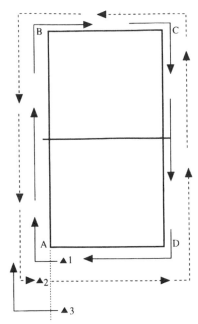

〔練習4〕繞球台正面跑。運動員始終正面向前方，故跑時有正面跑、側向滑步跑、後退跑幾種步法。

開始時，運動員兩腳位於球台左邊延長線的右側，聽動令後按順時針繞台一周，回到該延長線的左側，然後按逆時針方向繞台一周，兩腳回到延長線右側。再按順、逆時針方向跑動各1次，計所需時間。

187

第*8*章

乒乓球基本步法

健康加油站

武術武道技術

截拳道入門

體育教材

快樂健美站

 柔力健身球

 自行車健康瘦

 跑步鍛鍊走路減肥

 創造健康的肌力訓練

 舒適超級伸展體操

 水中有氧運動

 雕塑完美身材

 創造超級兒童 SUPER KIDS

 簡單訓練頭腦聰明 SMART

 防止老化的身體改造訓練

 3週月塑身計畫

 樂入門瑜伽

 休閒瑜伽 瑜伽 基礎篇

 休閒瑜伽 瑜伽

 健身跑 身體的潛能

 中華藏球健身操

 彼拉提斯健身寶典 pilates

 全身促進操

 瑜伽美姿美容

 豐胸 做自信女人

 輕鬆瑜伽治百病 easy yoga

 瑜伽秀體 小品·Yoga

 Hot Dance 熱舞瘦身 小品 Getting Slim

 整形 打造美麗 Beauty

 排毒頻譜33式 熱瑜伽

 太極操

運動精進叢書

歡迎至本公司購買書籍

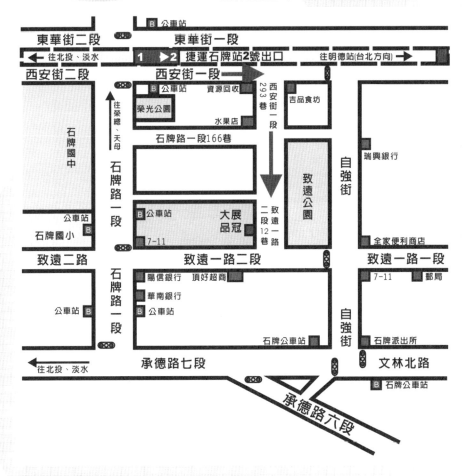

建議路線

1. 搭乘捷運·公車

　　淡水線石牌站下車，由石牌捷運站２號出口出站(出站後靠右邊)，沿著捷運高架往台北方向走(往明德站方向)，其街名為西安街，約走100公尺(勿超過紅綠燈)，由西安街一段293巷進來(巷口有一公車站牌，站名為自強街口)，本公司位於致遠公園對面。搭公車者請於石牌站(石牌派出所)下車，走進自強街，遇致遠路口左轉，右手邊第一條巷子即為本社位置。

2. 自行開車或騎車

　　由承德路接石牌路，看到陽信銀行右轉，此條即為致遠一路二段，在遇到自強街(紅綠燈)前的巷子(致遠公園)左轉，即可看到本公司招牌。

國家圖書館出版品預行編目資料

乒乓球技巧圖解／劉　雪　趙　霞　編著
　　──初版，──臺北市，大展，2006〔民95〕
　　面；21公分，──（運動精進叢書；13）
　　ISBN　978－957－468－502－8（平裝）

1. 桌球

528.956　　　　　　　　　　　　　　95019382

乒乓球技巧圖解

編　　著／劉　雪　趙　霞
責任編輯／佟　　暉
發 行 人／蔡 森 明
出 版 者／大展出版社有限公司
社　　址／台北市北投區（石牌）致遠一路2段12巷1號
電　　話／（02）28236031・28236033・28233123
傳　　眞／（02）28272069
郵政劃撥／01669551
網　　址／www.dah-jaan.com.tw
E - mail／service@dah-jaan.com.tw
登 記 證／局版臺業字第2171號
承 印 者／傳興印刷有限公司
裝　　訂／眾友企業公司
排 版 者／弘益電腦排版有限公司
初版1刷／2006年（民95年）12月
初版3刷／2011年（民100年）10月

定　價／220元

大展好書　好書大展
品嘗好書・冠群可期